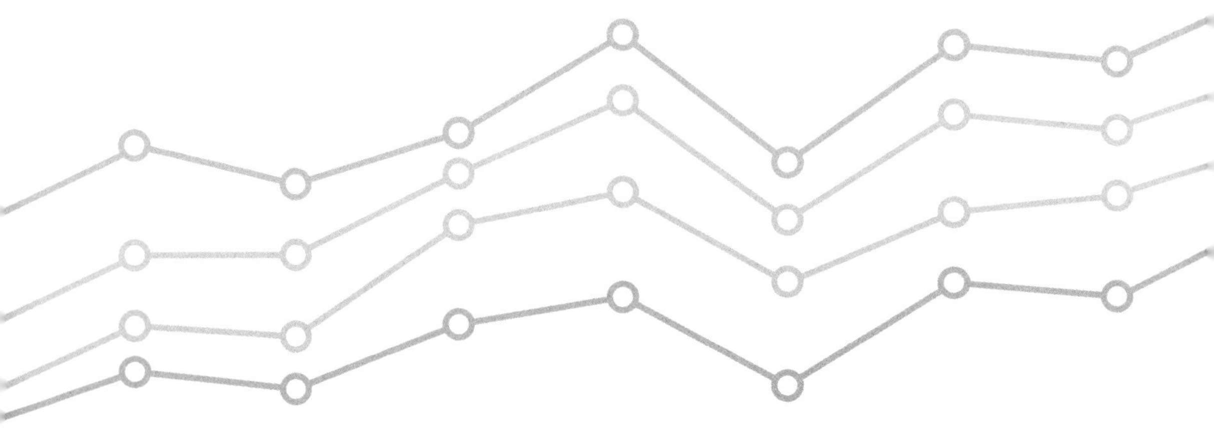

人人都能看懂财务报表

《Smart智富》真·投资研究室 著

SPM
南方出版传媒
广东经济出版社
·广州·

图书在版编目（CIP）数据

人人都能看懂的财务报表/ Smart 智富》真·投资研究室著. —广州：广东经济出版社，2018.1
ISBN 978-7-5454-5973-9

Ⅰ.①人… Ⅱ.①S… Ⅲ.①会计报表－基本知识Ⅳ.①F231.5

中国版本图书馆 CIP 数据核字（2017）第 330241 号

版权合同登记号：19－2017－015

出 版 人：姚丹林

责任编辑：陈念庄

出版发行	广东经济出版社（广州市环市东路水荫路 11 号 11～12 楼）
经销	全国新华书店
印刷	佛山市浩文彩色印刷有限公司 （南海狮山科技工业园 A 区兴旺路）
开本	730 毫米×1020 毫米 1/16
印张	13
字数	159 000 字
版次	2018 年 1 月第 1 版
印次	2018 年 1 月第 1 次
印数	1～5 000
书号	ISBN 978-7-5454-5973-9
定价	68.00 元

如发现印装质量问题，影响阅读，请与承印厂联系调换。
发行部地址：广州市环市东路水荫路 11 号 11 楼
电话：（020）38306055 37601950 邮政编码：510075
邮购地址：广州市环市东路水荫路 11 号 11 楼
电话：（020）37601980 营销网址：http://www.gebook.com
广东经济出版社新浪官方微博：http://e.weibo.com/gebook
广东经济出版社常年法律顾问：何剑桥律师

CONTENTS 目录

Chapter 3 资产负债表 展现企业总体资本规模

Chapter 4 实战练习 勤加演练变身选股达人

编者前言

优先搞懂重点项目 高效率学会看财报

因为工作关系，一位知名会计师曾在访谈时对我说，散户之所以常常投资股票赔钱，是因为只看损益表，不看现金流量表；反之，专业投资法人则是非常重视现金流量表。

散户忽视现金流量表，其中一个重要原因是，大多数媒体在披露上市公司营运新闻时，碍于篇幅与为了便利读者理解，通常只会谈及损益，几乎不碰触现金流量，久而久之造成许多散户被教育成只根据营运损益来做股票投资决策。

损益表当然重要，但只看损益表却很容易被误导，不管是投资股票，还是时下流行的自己创业搞电商，不注重现金流量表，早晚会吃大亏。譬如，一档股票几乎每年都赚钱，账面漂亮得不得了，甚至还能发放现金股利，但是摊开现金流量表一看，却可能发现，这家公司年年向股东募资或向银行举债，也就是说，营运有账面获利，却鲜有现金流入，绝大多数现金来自金融手段。这样的公司，日后出状况、变地雷股的风险性就很高，譬如乐升（3662）正是这样的例子。

另一种状况更令人头痛，公司营运团队确实诚信，也努力经营，但其产业属于高资本投入，且市场竞争激烈，结果景气好时赚到的钱，又几乎全数投入到提升技术与扩充产能，到了景气差时，就呈现大幅亏损，长期下来，股东几乎都无利可图。这类公司就像面板产业，若只看损益表会发现经营有赚有赔，看似正常，但从现金流量来看，赚到的钱都拿去再投资了，甚至还不够，还要再去借钱投资，股东根本没有受益。

再如，个人经营电商，只觉得生意很好、有赚钱，但却老是觉得现金很紧张。有一天突然周转不过来，才发现只赚到账面利润，却忽略了现金流的管理，导致面临跳票危机。情急之下，只好去找高利贷周转，结果在利滚利的恶性循环之下，一门经营成功的生意，最终却败在现金流管理上。

上述3个例子都旨在说明，疏忽或错误解读财报，可能会使得投资失败，投资人心血一场空。那么对一般非财经专业的人来说，是不是一定要接受严谨、完整的财报教育才行呢？财报又会不会很难懂呢？其实对一般投资者或创业者来说，学习基础的财报知识是必要的，而且它并不难，也不会花上很多时间，只要通过正确的学习过程，掌握一些优先要搞懂的项目，几乎就够用了。

基于此，本书的编辑方式，也采用适合一般投资者或创业者应该学习的次序来进行，先谈综合损益表，其次现金流量表，最后才是资产负债表，让读者从最容易理解、最常用的损益表入手，再用非常重要却常被忽略的现金流量表来补充检视。通常这两项看完，应付一般的投资已经足够了，既有效率，实用性又高，除非前两项看完都还不放心，才需要进一步再看资产负债表。

本书的目的，就是透过图解与分析读者需求为编辑方向，让读者能较轻松地、高效率地完成学习。财务报表是很多人的学习梦魇，我衷心相信，通过这本书，你会发现，原来财报可以这么容易懂，投资再也不是一件困难事。

《Smart智富》真·投资研究室

Chapter 1

综合损益表

揭露公司当期营运成绩

1-1 看懂综合损益表 判断公司的赚钱能力

想要投资优质公司，“读懂财报”就是你投资之前最需要练好的基本功。因为财务报表就是企业的健康检查表，揭露企业的经营状况，只要能够掌握基础概念读懂财报，你就算不是专家也能判断公司优劣，避开地雷股。

财报依公布时间分为月营收、季报、年报

在开始深入了解财报之前，先来了解一些关于上市柜企业[①]财务资讯的基本认识。第一，整份财务报表主要可分为“综合损益表”“现金流量表”和“资产负债表”3大报表，本书将一一教你读懂这财务3表。

① 上市柜企业：上市企业与上柜企业。上柜企业，就是在柜台市场（OTCBB）交易的企业。

表 1-1-1 **公司年报须在隔年3月31日前公布**
——各季季报及年报公布时间

项目	第1季季报	第2季季报	第3季季报	第4季季报及年报
公布时间	5月15日前	8月14日前	11月14日前	隔年3月31日前

第二，发布时间。根据法规要求，每家上市柜公司都必须定期公布企业财务相关信息，依时间长短分别是“月营收”“季报”与“年报”。

顾名思义，“月营收”是每月就要公布一次营收，是最及时、频繁公布的财务资讯，上市柜公司须在次月10日前提供营收状况；“季报”则是公布企业每一季的营运状况，公布期限规定在每一季结束之后的45天之内；而“年报”则是一年一度发布，要求在每一年结束后的3个月内公布（详见表1-1-1）。

准时且正确公布财报资料对上市柜企业来说非常重要，也是对股东的最基本责任。若是上市柜企业逾时未公布财报，将会被处罚停止交易，之后企业必须要在6个月内补交财报资料，并且通过审核后才能恢复交易。

虽然在期限之前任何一天都可以公布财报，但有制度、有纪律的上市柜公司都会希望尽量让财报在固定的日期公布，例如鸿海（2317）就是固定在公布期限的最后一天公布财报。这样做法的好处，是可以避免外界借由公司公布财报的日期来猜测公司本季、本年营运状况的好坏。

例如，A公司去年在3月10日就公布年报，今年却到了3月25日还没公布，有的投资人可能会想：“是不是公司营运不如去年理想，所以才迟迟未公布财报？”就算实际状况不是如此，但是财报比去年晚公布，就容易引起市场猜测，造成股价波动。

第三，就内容资料详尽程度而言，年报是最完整的，月营收则是最简易的。月报只需要揭露到营收即可，不要求公布费用、获利等其他资讯，但年报则从营收、费用、转投资收益、获利等等全部都需要公布，需要提供最完整的资料，是最重要的一份财报（详见表1-1-2）。

采“收入—支出”概念，税后净利一目了然

在财务3表中，本书将首先介绍一般投资人最关心的“综合损益表”！综合损益表是什么呢？简单来说，就是让你知道公司在一段

表 1-1-2

月营收资讯最即时、年报资讯最完整

——即时度vs.完整度

	月营收	季报	年报
资讯即时度	高	中	低
资讯完整度	低	中	高

时间内有没有赚钱的一张表。毕竟，投资就是为了获利，能够赚钱的公司才有投资的价值，综合损益表就是一张能够帮助你看透公司赚钱能力的财务报表!

只是，打开损益表一看，上面密密麻麻的数字，加上艰涩的会计名词，往往让人看一眼就觉得头昏脑胀，不知道到底该怎么读这张表。但其实只要能够掌握基础的概念和关键名词，读懂损益表一点也不难。

整张综合损益表的编写，说穿了就是由人人都懂、最基础的“收入—支出”概念出发，也就是利用损益表告诉你，公司卖了多

图 1-1-1 **卖出商品的获利减掉成本与开销，即最终利润**
——综合损益表计算公式

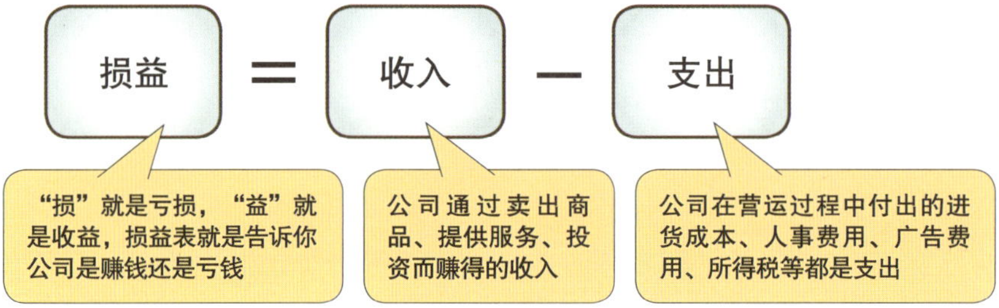

少东西收到多少钱，过程中又花了多少成本和费用，最后能够留下来的利润有多少（详见图1-1-1）。

损益表的编写逻辑和架构由上而下。由最上方的营业收入（营收）开始，一层一层扣除相关营运成本和费用之后，留下的就是公司净利，显示公司到底是赚钱还是赔钱；而损益表的最后则是利用每股盈余，告诉你投资这家公司的股东，每个人平均能够赚到多少钱（详见图1-1-2）。

因此一张完整的损益表会包含营收、营业成本、毛利、营业费用、营业利益、净利等数字。但别害怕这些专业会计名词，以下将

图 1-1-2

“由上而下”判读综合损益表

——一般综合损益表示意方式

营业收入
－ 营业成本
____
毛利
－ 营业费用
____
营业利益
＋ 营业外收入
－ 营业外损失
－ 所得税
____
税后净利

每股盈余（EPS）

在综合损益表最下方，还会列出每股盈余（EPS）；每股盈余是利用税后净利除以总股数所得，可以知道每股赚了多少钱

以经营网店的例子来让你了解这些会计名词在经营过程的意义。

琪琪是网络服饰卖家，靠着精准的进货眼光，第1个月的营业额就有不错的成绩，达到40万元（新台币，下同）。而琪琪这笔借由卖出商品得到的40万元收入，就是损益表中的“营业收入”（营收）。

40万元的营收虽然高，但这并不是琪琪实际赚到的钱，毕竟琪琪做的不是无本生意，营收扣掉成本剩下来的才能算是赚到。而当初进货就花了琪琪15万元，这15万元就是“营业成本”，40万元扣掉15万元，剩下的25万元就是琪琪经营网店的“毛利”。

不过，这25万元也还不能算是琪琪全部赚到的，因为除了进货要花钱之外，琪琪在网络上打促销广告也花了5万元，而且为了要应付这么多的客人，琪琪也用月薪2.5万元请了1名小帮手当客服、帮忙出货，以上这些营销、人事费用都算是“营业费用”，25万元的毛利扣除这些营业费用之后，剩下的17.5万元就是琪琪通过经营网店所赚来的“营业利益”（营利）。

琪琪除了在网络上卖衣服之外，她还把赚来的钱拿了10万元去买股票，但不幸的是这个月股价下跌，琪琪不仅没赚到钱，反而赔了1万元。这些和网店本业无关的损失就是“营业外损失”。把营业利益扣除以上的营业外损失，再扣掉所得税就是琪琪这个月赚得的“净利”（详见图1-1-3）。不过，若是琪琪投资的股票是赚钱的，那就不是营业外损失，而是营业外收入，反而是要加上的。

上市企业的损益表和上面举的网店经营没有两样，就是通过这样的记录，让外界知道公司赚的钱从哪里来，又花到哪里去，最后有没有获利。

图 1-1-3 **琪琪月营收40万元，实际净赚15.51万元**
——以网店经营看综合损益表

净利≠现金，“赚钱”公司也可能周转不灵

虽然通过损益表可以看出一家公司是赚钱还是赔钱，但是必须要提醒大家，损益表上最后显示的“净利”并不代表实际上公司拥有的“现金”，甚至有可能出现损益表上显示很赚钱，但是公司

却因为手上缺乏现金，周转不灵、经营不下去而倒闭的情况，也就是所谓的“黑字倒闭”（详见名词解释）。过去台股就曾有如博达（2398，已退市）、雅新（2418，已退市）等公司出现过这个问题，造成投资人的巨大损失。

为什么会有这样的状况呢？这是因为多数公司的损益表采用的是会计学上的“应计基础”，强调公司经营过程中，不管发生任何事情，只要和营运相关，就全部都需要记录起来，列入损益表中记账（详见图1-1-4）。“把所有事情都详细记录”这个做法，多数人应该都会认为相当令人安心，毕竟公司卖了多少货、花了多少成本，每件事都详列在册，有凭有据，让人能够一目了然。

然而，问题就在于绝大多数的上市柜公司都不是使用一手交钱、一手交货的现金交易。实际上，除了像是7-11、大润发这种在买卖时能够直接向客户收钱的便利商店、量贩店，多数上市柜公司卖出商品或是服务时，都不会马上收到现金，很有可能是出货的30

名词解释

黑字倒闭

通常我们会以“赤字”形容公司亏损，“黑字”则代表公司营运正常、有获利。黑字倒闭就是指一家公司在财务报表上虽未有赤字，账面上仍有获利，但现金流量却已经不足以因应公司营运而面临倒闭。

图
1-1-4

采应计基础，未收到的货款也会记录成“收入”
——应计基础vs.现金基础

应计基础：只要有交易就必须要记账，一旦产品出货给客户，不管有没有收到款项，都要把当期的费用和收入记录下来，也就是以产品交付作为记账的时间点。绝大多数公司都是采用这个方式

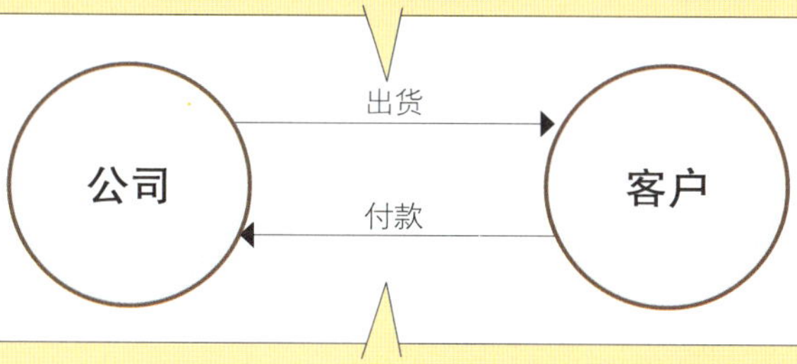

现金基础：只有在确实收到现金时，才将交易列入，也就是以客户现金交付作为记账的时间点。若所有交易都是一手交钱一手交货，那么无论采用应计基础记账或是现金基础记账，对公司来说都是一样的

天后才会收到款项，或是客户收到货之后还有可能会因为品质问题而退货，以上这些状况都可能会使得当下损益表上的营收大增、获利成长，但是实际上收到的现金却不见得有这么多。

更糟糕的是，若这些增加的营收都只是表面亮丽、实际上却收不回来的“呆账”，对于公司、投资人而言都只是纸上富贵一场空，空有净利却没有现金，公司是经营不下去的。因此在阅读企业财报时，损益表上有获利固然重要，但并不代表获利真的都是入袋现金。

以5年为观察期，看公司应对景气循环的表现

损益表能让人检视公司的赚钱能力，但投资人更应该重视的是一家公司“长期稳定的赚钱能力”，在乎的应该是长期趋势，而不是光凭单一季度、单一年份的损益表现来断定一家公司的获利能力，特别是如果公司只是在某一季或是某一年的获利出现爆发性成长，但此获利却没有持续性，例如是卖土地获利。若就依此判断公司很会赚钱，显然不是很恰当（详见图1-1-5）。

图 1-1-5 **税后净利忽然拉高，可能是营业外收入造成**
——以勤美（1532）为例

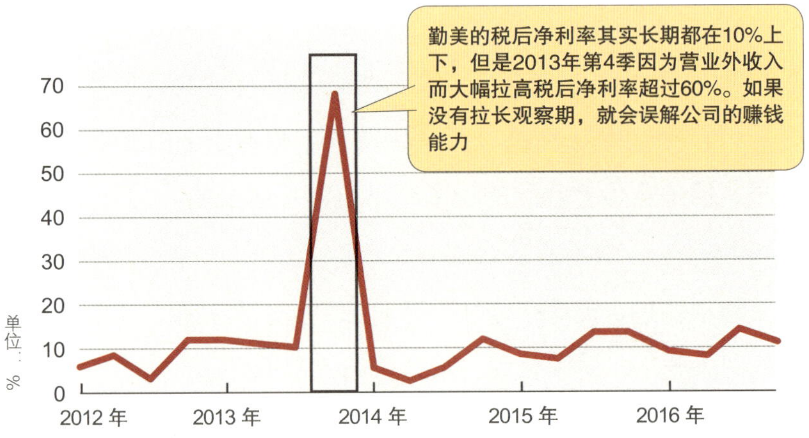

注：资料日期截至 2016.12　　资料来源：财报狗

因此损益表的观察期最好拉得长一点，包括财报狗团队、恩泛理财投资团队的版主星风雪语等财报达人、投资专家都建议，投资人最好以5年作为观察的标准，因为5年已经差不多是一个景气循环期，观察企业5年的损益表现，可以看出在景气起起伏伏之下，企业如何表现、因应，经营能力是否大受影响，进而判断企业的竞争能力和产业竞争的趋势变化。

1-2 观察营收年增率 避开季节性干扰

翻开综合损益表，第一个看到的就是“营业收入”。为什么放在第一列呢？因为，它很重要！营业收入是什么呢？直接举例来说明。

身为网络服饰卖家的琪琪，每个月的收入大致分成两类，第一类是她经营网店生意的收入，平日生活琪琪就靠这笔钱来因应；第二类的收入，则是因为琪琪把赚来的钱拿去买了股票，遇到股价上涨就卖出，让琪琪在经营网店之余，多了一笔额外的收入。

营业收入愈来愈高的公司，愈具成长动能

像是琪琪这样的网店从业者，平日因为销售货物而赚取的金额即为“营业收入”，但当琪琪买卖股票而有赚钱或是出售网站上的广告栏位，或因其他的业务而有额外收入时，这笔钱则属于“营业外收入”。

图 1-2-1 **来自本业的收入称为“营业收入”**
——营业收入vs.营业外收入

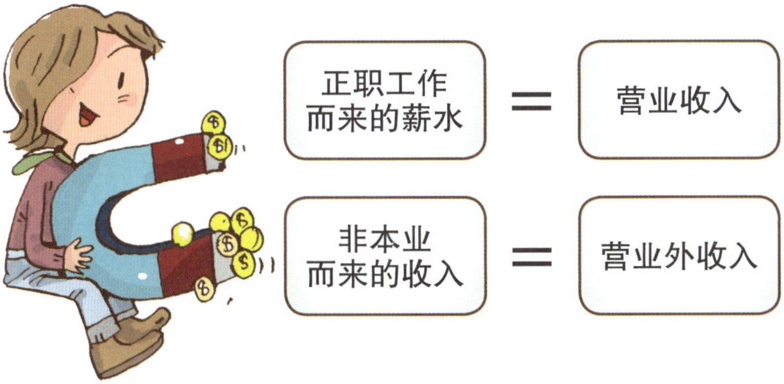

企业经营的项目不管是“卖东西”还是“提供服务”，只要是本业，都可称之为营业收入。也就是说，重要的区别在于“本业”或是“非本业”（详见图1-2-1），以琪琪的例子来说，她买卖股票的收入是“非本业”的营业外收入，但是对于专职的投资人来说，则属于营业收入。

为何说营业收入很重要呢？因为营业收入可以说是一家公司的基石，是盈余的主要来源，如果其他条件，譬如成本等都不变，营业收入愈来愈高，就代表公司愈具有成长动能，因为要多接订单、多开发新客源，才能让营业收入呈现增加的趋势，基本上也就表示公司营运状况愈来愈佳。

从编制财务报表的角度来看，营业收入是综合损益表中分析各项财务指标时所采用的“分母”。说白一点，假设营业收入是100元，营业毛利为40元，表示毛利占营业收入的4成，毛利率即为40%。且毛利再依序减除营业费用，就可以算出本业实际带来的营业利益，所以营业收入才会被放在综合损益表的第一列。

营业收入每月公布，为企业最即时指标

此外，因为企业发布正式的财务报表都是季报，投资人最迟需要等到每季结束后45日才能知道当季的营运状况。可是，主管机关规定，营业收入必须每月公布，也就是于次月的10日之前公布。譬如4月结束，公司就必须在5月10日之前公布营业收入；5月结束，则须在6月10日之前公布。

即便最后公布期限10日为假日，依照有关条例，公司也应于下一个营业日（上班日）申报（详见图1-2-2）。因此，营业收入是财务报表里更新频率最高、最即时的财务指标。

有一些投资人，每当看到公司最新公布的营业收入大增，就会

图 1-2-2 **营收公布期限遇假日，则顺延至下个营业日**
——营收公布日范例

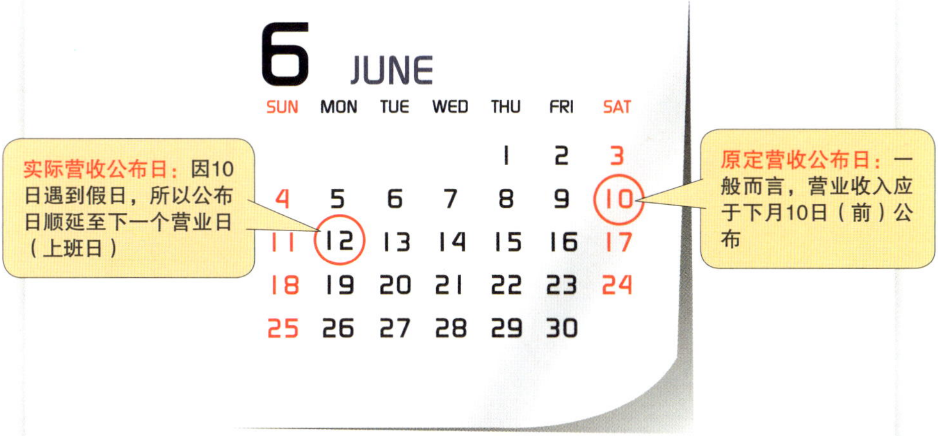

抢进买股，造成股价上扬；或是营业收入不如预期，投资人就会抛售，进而拉低股价。这些都使得股价与营业收入表现密切相关。

像是和大（1536）从2014年到2017年2月的这段期间，营业收入的表现愈来愈佳，股价当然也不在话下。2014年1月，和大股价最低出现每股43.65元，随着营业收入增加，股价也逐步向上垫高；2016年3月，营业收入创下当时的新高纪录；4月公布当年第一季度业绩后，股价也一举创下新高，来到每股173.50元。

图 1-2-3 **营业收入与股价表现呈现正相关**
——以和大（1536）为例

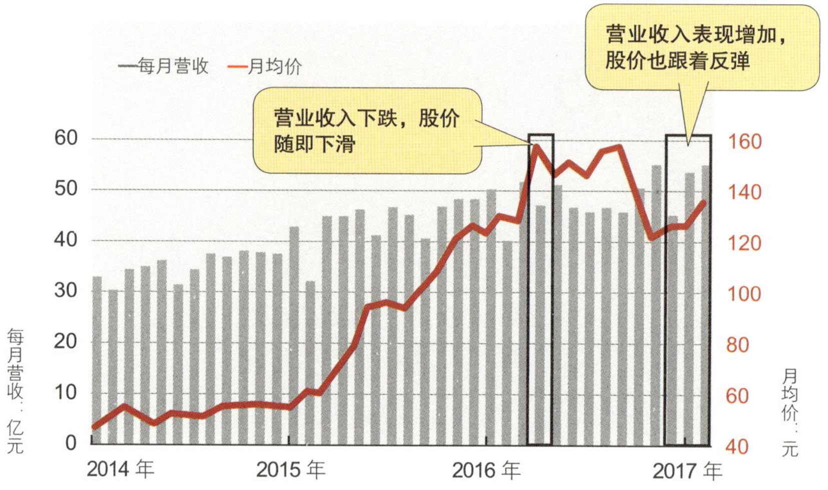

注：资料统计时间为 2014 年 1 月 ~ 2017 年 2 月　　资料来源：财报狗

后续因为营业收入的增长趋缓，股价盘整了一段期间后下挫，但2017年1月、2月营业收入的表现不俗，股价也连带反弹。由此可知，营业收入对股价的影响确实不容小觑（详见图1-2-3）。但是，在判读营业收入时，应特别注意以下两点：

注意 1》增加幅度重于绝对金额

假设A公司2016年3月营业收入为100亿元，2017年3月增长为

表 1-2-1

年增率指该年度某段期间与上个年度同期之比较——月增率、季增率、年增率意义

项目	意义
月增率（Month on Month percentage，缩写为MoM）	该月与上个月的营业收入成长（衰退）百分比率
季增率（Quarter on Quarter percentage，缩写为QoQ）	该季度与上个季度的营业收入成长（衰退）百分比率
年增率（Year on Year percentage，缩写为YoY）	该年度某段期间与上个年度的同期间营业收入成长（衰退）百分比率

120亿元；B公司2016年3月营业收入为50亿元，2017年3月变为70亿元。两家公司同样都较去年同期增加20亿元，到底哪家公司比较值得关注呢？

答案是B公司！因为成长动能比绝对金额更重要。从增加幅度来看，A公司的单月营收年增率（YoY）（详见表1-2-1）为20%、B公司为40%，从成长性来看，B公司的潜力较大。但是要注意，在比较不同公司的营收成长幅度时，应以同一个产业的公司作比较才对。

注意 2》淡季、旺季的差异

投资人不能忽略的第二点即是淡季、旺季的差异。举例来说，超级市场每年的营业收入高峰多半会落在7月或8月，这是天气热，加上学生放暑假，冷饮与冰品销量好所致，不要因为看到7月比6月的营业收入增长大，就以为这是利多，要再跟去年同期相比较才会准确。

再举一个实际案例，很多人会趁着农历年假和朋友一起去唱歌，而好乐迪（9943）正是此波假期的受惠股，在每年的12个月之中，单月营业收入表现最佳的月份都落在农历年假的当月（详见图1-2-4）。

通常这样的公司，由于营业收入受到淡、旺季的影响，会有明显起伏。淡季的时候，营业收入低、股价也低；旺季时，营业收入高、股价也会拉高（详见tips）。

tips

买在淡季、卖在旺季，才能卖在相对高点

若以营业收入当作投资布局的指标，切记，应在该公司营业收入最低时进场，在营业收入攀高时获利了结，简单来说就是“买在淡季、卖在旺季”。千万不要被旺季时的高营业收入表现冲昏了头，要舍得卖出，才能卖在相对高点。

图 1-2-4 部分企业的营收表现会受到淡旺季影响
——以好乐迪（9943）为例

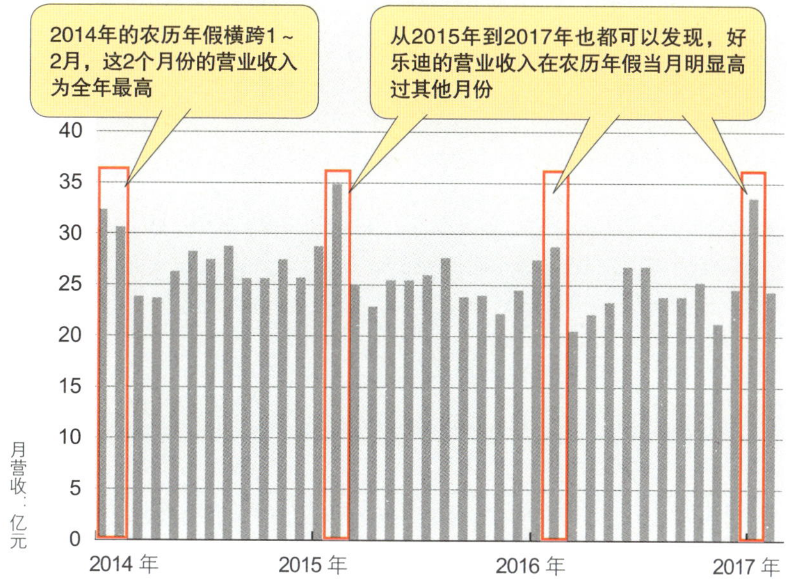

注：资料统计时间为 2014 年 1 月～ 2017 年 2 月　　资料来源：财报狗

月营收年增率搭配累计营收年增率观察更准确

所以，观察营业收入的月增率（MoM）、季增率（QoQ），其实意义不大。就拿饮品店的状况来举例，1～6月的营业收入表现都相当普通，但是7月却突然大增，如果投资人只观察营业收入的月增率或季增率，误以为是公司营运表现大好而买进股票，就很有可能在第4季时被打回原形。投资人真正要关心的是去年同期的营业收入表现，即所谓的年增率（YoY），才能避开季节性的干扰，看出一家公司的营运是真正成长，或是已进入衰退期。

常见的观察方式有两种，第一种是以单月营业收入作比较，第二种则是观察累计营业收入。如果上述两种年增率都同时增加，表示公司有较强的成长力。但因为假期、气候等因素，通常单月营收年增率的波动较大，用累计营业收入年增率观察趋势更为适合（详见图1-2-5）。

尤其已经发展成熟的公司，单月营业收入年增率通常有涨有跌，譬如中华电（2412）从2014年至2017年2月以来，单月营业收入年增率最高为7.71%、最低为-8.72%。若只观察单月营业收入年增率就可能错过好股票，最好搭配累计营业收入年增率观察趋势，如果趋势长期向上，才是值得投资的好公司。

通常来说，我们在网络上的免费资源中，看到公司的营业收入资讯就会包含单月营业收入、单月营业收入年增率、累计营业收入和累计营业收入年增率（详见表1-2-2），但是多半仅有近12个月的数据，譬如已经公布了2017年3月的营业收入，若要往回找数据，最远只能看到2016年4月的营业收入。

图 1-2-5

观察发展成熟的公司，要看累计营收年增率

——以大立光（3008）为例

◎单月营业收入比较

营业收入年增率 ＝ （该月营业收入－去年同期营业收入）÷ 去年同期营业收入 × 100%

【范例】大立光（3008）2017年3月的营业收入为36.294亿元，而2016年3月则为30.24165亿元，当月营业收入年增率为：

（36.294亿元—30.24165亿元）÷30.24165亿元×100%＝**20.01**%

◎累计营业收入比较

累计营业收入年增率 ＝ （该年度营业收入累计－去年同期营业收入累计）÷ 去年同期营业收入累计 × 100%

【范例】大立光（3008）2017年累计至3月的营业收入为108.07375亿元，而2016年累计同期至3月则为82.7108亿元，累计营业收入年增率为：

（108.07375亿元—82.7108亿元）÷82.7108亿元×100%＝**30.66**%

表 1-2-2 **每年1月份的单月营业收入年增率，会与累计营业收入——以中华电（2412）为例**

每月营收会与去年同月相比

年度月份	营业收入		
	当月营收 / 元	去年当月营收 / 元	去年同月增减 / %
2017.03	180.37067亿	182.35531亿	–1.09
2017.02	177.69274亿	191.25864亿	–7.09
2017.01	187.27059亿	195.82761亿	–4.37
2016.12	207.6191亿	211.549亿	–1.89
2016.11	189.53369亿	207.63742亿	–8.72
2016.10	186.91544亿	203.54824亿	–8.17
2016.09	201.54127亿	187.12301亿	7.71
2016.08	196.9423亿	188.8323亿	4.71
2016.07	186.69622亿	186.57024亿	0.07
2016.06	190.49375亿	191.41685亿	–0.48
2016.05	186.45271亿	188.50952亿	–1.09
2016.04	185.782亿	189.27957亿	–2.26

资料来源：公开资讯观测站

要注意的是，虽然数据显示为近12个月，但通常累计营业收入是由当年度1月开始累计，所以可以发现每年1月的单月营业收入和累计营业收入都一样，两者的年增率当然也相同。像是中华电2017年1月的营业收入为187.27059亿元，累计营业收入也是一样的数据。

年增率相同

累计营业收入		
当月累计营收 / 元	去年累计营收 / 元	前期比较增减 / %
545.33399亿	569.44156亿	−4.23
364.96333亿	387.8625亿	−5.72
187.27059亿	195.82761亿	−4.37
2300.8668亿	2317.95104亿	−0.77
2093.2477亿	2106.89614亿	−0.66
1903.49108亿	1899.25872亿	0.22
1716.57564亿	1695.71048亿	1.23
1515.3437亿	1508.58748亿	0.43
1318.9207亿	1320.50425亿	−0.18
1131.39585亿	1133.9340亿	−0.22
940.9021亿	942.51716亿	−0.17
754.44938亿	754.764亿	0.06

每个月的营收会从1月开始累计，然后与去年同期累计相比

每年1月的单月营业收入年增率会跟累计营业收入相同

另外，也可以观察到单月营业收入年增率的波动较大；或有时单月营业收入年增率为负值，但累计营业收入年增率为正值。如果只在意单月营业收入年增率的状况，就很容易因此杀进、杀出，所以要两者同时观察才会更准确！

1-3 比较同产业公司必看毛利率高低

同样以网络服饰从业者琪琪的例子来说明，她的生意模式是跟上游厂商进货成衣来贩售，但今年冬天却暖洋洋，导致她的生意一直不是很好。为了赶紧把即将过季的冬季衣物卖出，琪琪决定举办3件5折的优惠活动。果然，优惠活动吸引了许多买家的目光，1个月内，剩余的冬季衣物已销售一空。

琪琪欢天喜地地打开网络银行，想看看究竟入账了多少钱，没想到，户头里收到的金额，还不及当初进货付出的成本！

当初跟上游厂商进货，琪琪付出的成本是每件200元，在其网店上贩售原价是每件300元，琪琪每卖1件衣服，可以赚进100元。但是优惠活动开始，买家买3件衣服原先要花900元，现在只要450元，反观琪琪进货成本，1件200元、3件就要600元，这导致琪琪卖愈多亏损愈多！

营业收入增加，不代表企业真的有赚钱

企业在经营的时候，一定会有营业成本，就像琪琪进货时要付给上游厂商的资金，以下用实际数字来看比较清楚。

琪琪原先账户有1万元，她先批了50件衣服来卖，这1万元就称之为“营业成本”（详见名词解释），这批衣服若都能以每件300元卖出，卖完之后，琪琪户头里应该要有1.5万元，这笔钱为“营业收入”，减去营业成本1万元后，5,000元即为“营业毛利”。

但天气热，衣服1件都没卖掉，琪琪只好祭出买3件5折的优惠，卖出16组之后，剩余的2件衣服顺利以原价300元售出。这次，她的户头从0元变成7,800元，看起来营业收入仍是慢慢累计增加的，但是却比原先的1万元还少，不仅白白做工，还亏损了本金（详见图1-3-1）。

名词解释

营业成本

营业成本又称为“销货成本”，指的是为了销售产品或服务所产生的直接原料、人工或制造费用，因此又可称为“直接成本”。综合损益表上并不会将背后的细项呈现出来，但投资人可翻阅附注找到细项，了解公司的成本究竟花在何处。

图 1-3-1 **营业收入小于营业成本，就是在做亏本生意**
——营业收入与营业成本、营业毛利关系

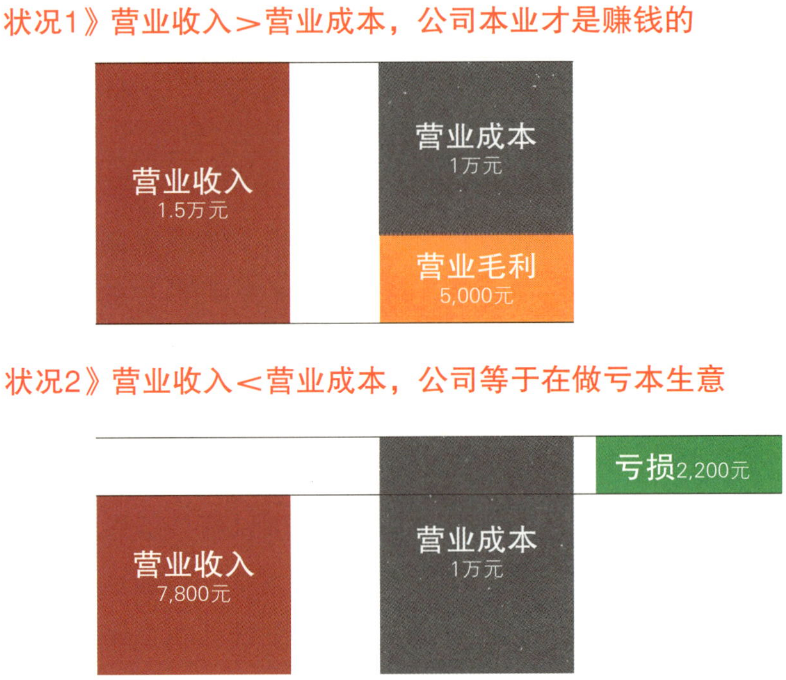

简单来说，营业收入减去营业成本之后，会得到营业毛利，是一家公司以本业营运所赚来的利润（详见图1-3-2），如果营业成本大于营业收入，那么在营收增加的同时，公司的亏损只会愈来愈多。因此，成本要愈低愈好，这样毛利才会比较高。

图 1-3-2 **当公司营业成本愈低，所赚得的营业毛利愈高**
——营业毛利计算公式

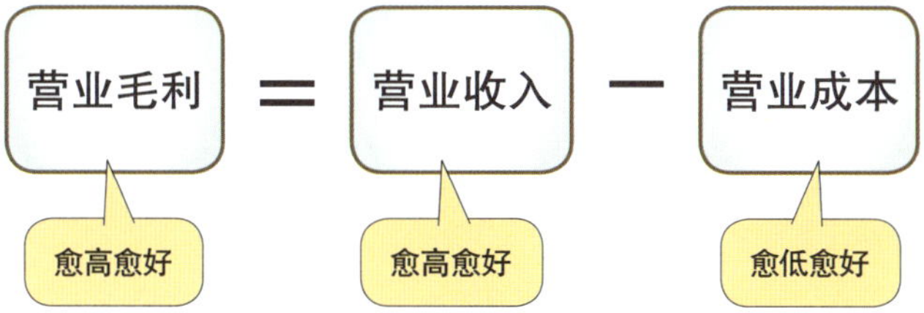

绝对金额非重点，观察获利能力要看毛利率

不过，得出营业毛利之后，要观察不同时期的状况，不要以绝对金额的高低为依据，要看的是相对于营业收入的比重，即为“毛利率”。

假设A公司在第1季的时候，营业收入为100亿元，营业成本为60亿元、营业毛利为40亿元；第2季，营业收入成长至120亿元，营业成本却为90亿元、营业毛利仅为30亿元。

单从绝对金额来看，A公司的营运状况好像愈来愈好，因为营业收入较上一季成长了20%，但实际上，营业成本增加的速度更快，达

50%，有可能是公司为了抢占市场而削价竞争。

换句话说，生意愈大不代表毛利愈佳，也不代表毛利率会愈来愈好。所以，不管是投资人还是自行经营生意的商家，要注意的是毛利率的变化，这也是企业获利能力的指标之一，计算方式很简单（详见图1-3-3）。

通常一家企业的毛利率并不会大起大落，长期来看，增加或减少1个百分点都是大事。在市场“蛋糕”总量有限的状况下，多数企业都致力于降低成本，以提升毛利率。这表示，一家企业的营业收入不需变多，但在成本降低、毛利率提高的状况下，实际放入口袋的钱也会变多；反过来说，如果一家企业营业收入不变，但毛利率持续走跌，绝不是一个好现象。

图1-3-3 **营收愈大，不代表毛利率愈佳**
——毛利率计算公式

毛利率 ＝ 营业毛利 ÷ 营业收入 × 100%

来看一个真实的毛利率走升案例，卜蜂（1215）从2012年开始，营业收入其实并未明显增加，至2016年营业收入不过比2012年多了2.26%，但是毛利率却从7.76%一路向上，涨到15.52%，增加了7.76个百分点（详见表1-3-1）。这期间，股价虽然受到2015年禽流感的影响而下跌盘整，但长期来看，股价到2016年12月底，已经较2012年1月的最低点成长了3.3倍（详见图1-3-4）。

图 1-3-4

因毛利率增加，带动股价上涨

——以卜蜂（1215）为例

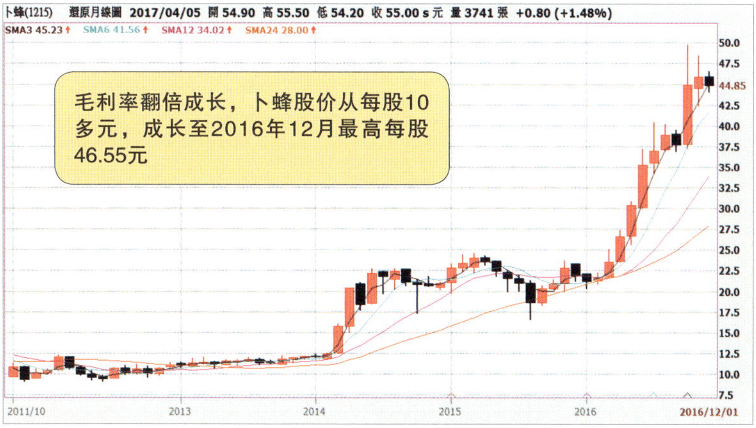

注：资料日期统计自 2011.10 ~ 2016.12　　资料来源：XQ 全球赢家

表1-3-1 **近5年营收并未大幅增加，但毛利率明显攀升**
——以卜蜂（1215）为例

项目	2012年	2013年
营业收入	177.70683亿元	181.22414亿元
毛利率	7.76%	9.3%

资料来源：财报狗

同产业公司面对相同市况，观察毛利率最公平

如果是要用毛利率来比较不同公司之间的状况，切记，要以相同产业的公司来观察才有意义。因为同一个产业，各公司面对的市场状况才是一样的，对于产品价格的压力亦会相同，基准点才公平。

举例来说，食品类股中华食（4205）和废弃物处理大厂日友（8341），每年的营业收入规模都是10多亿元，但毛利率却差异很大（详见表1-3-2），这就是因为产业不同的关系，并不能直接断言哪家公司竞争力较佳。

但如果是同一个产业，就可以互相比较毛利率。通常毛利率能

	2014年	2015年	2016年
	175.2776亿元	165.53896亿元	181.72909亿元
	11.91%	12.25%	15.52%

在同一个产业中脱颖而出，表示该公司的竞争力较佳，且有较大的调整售价的空间，股价表现通常也较为优异。

表 1-3-2 **不同产业公司毛利率差异大，直接比较意义不大**
——以中华食（4205）、日友（8341）为例

公司		项目	2015年	2016年
食品类股	中华食（4205）	营业收入	13.615亿元	13.9779亿元
		毛利率	34.14%	36.28%
废弃物处理	日友（8341）	营业收入	16.24504亿元	18.15944亿元
		毛利率	56.39%	58.03%

资料来源：财报狗

譬如，某一个产品在市场上可被接受的价格为100元，C公司只需要花60元就能制造出成品，毛利率即为40%〔（100—60）÷100×100%〕；D公司则需要80元才能制造出成品，毛利率只有20%〔（100—80）÷100×100%〕。此时可以很明显地看出来，C公司的毛利率大于D公司，竞争力当然也优于D公司。

如果市场饱和，C公司还可以利用调降售价的方式来抢市占率，以极端的状况来看，C公司甚至可以砍价到80元，毛利仍有20元；反观D公司，想要阻止C公司扩大市占率几乎是不可能的事，售价若跟着调降至80元，D公司毛利就等于零，更别提想要打败C公司了。

来看同样身为半导体产业的台积电（2330）和联电（2303），两者毛利率的走势大致相同，譬如2016年第1季两者的毛利率同时走跌，2016年第2季同时反弹（详见图1-3-5）；但前者的毛利率长期以来几乎都是后者的2倍以上，也因此，台积电的股价表现相对亮眼，2017年4月6日的收盘价，台积电为每股191.5元、联电却只有12.2元。哪一家公司比较受市场青睐，相信一眼就能看出来了吧。

图 1-3-5

同产业中毛利率较高者较受市场青睐
——以台积电（2330）、联电（2303）为例

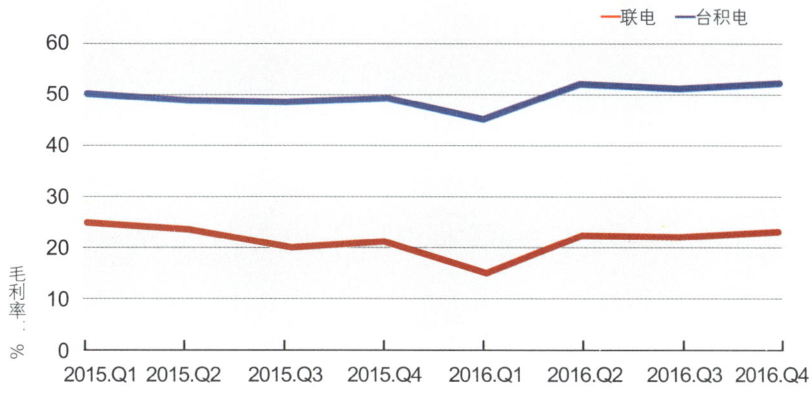

注：资料日期自 2015 年第 1 季～2016 年第 4 季　　资料来源：财报狗

1-4 检视营业利益 看出公司本业真实获利

琪琪撑过冬季衣物滞销的危机，也知道经营生意要有成本和毛利的观念。随着她的网店生意愈做愈大，为了应付接下来的旺季，她租了一套房当作仓库，大量进出货时，还会请学生兼职来帮忙整理。

过了1个月，衣服销售一空，买家也全都付款了，琪琪从“营业毛利”中领了钱，付房租给房东、付薪水给学生兼职，发现户头金额仍比进货前的金额高，她开心极了。

然而，一段时间后，在琪琪收到用来当仓库的房子的水、电费账单后发现，水费要几百元还说得过去，但电费竟然高达5位数！经琪琪了解，原来是空调常忘了关，导致电费大增，这让她的账户金额骤减，忙了一个多月，实际的获利竟然只有几千元。

在上述的例子中，琪琪除了忘记关空调，还忽略了一件很重要的事情——那就是“营业费用”！营业费用是什么呢？

营业费用分为管理、销售、研发3种费用

简单来说，营业费用指的是企业经营时，持续性、消耗性的支出。所有与本业相关的花费，若无法“直接”确认与制造产品或提供服务有关，就计入“营业费用”中。所以，营业费用又称为“间接成本”，而因为包含管理和销售等花费，故亦被称作“管销费用”（详见图1-4-1）。营业费用通常包含以下3种：

1.管理费用：指因日常管理和经营组织而产生的各项费用，包含管理人员的薪水、奖金，甚至是租金、办公器具折旧、文具采购等。

2.销售费用：为了拓展公司业务而产生的费用，包含业务奖金、广告费、市场调查费用等。

tips

不愿投入研发费用的公司恐怕难以维持获利

营业费用包含了研发费用，而这笔研发费用可以说是高科技公司的核心，如果公司为了节省营业费用，而不愿在研发费用投入成本，竞争力恐无法持续太久。因此，若是靠着节省研发费用来提高营业利益的公司，投资人应仔细考量该公司是否有跟得上时代趋势的产品来维持获利。

图 1-4-1 营业费用为企业经营的“间接成本”
——营业成本vs.营业费用

营业成本
＝销货成本＝直接成本

◎**定义：**销售产品或服务所产生的直接原料、人工或制造费用

◎**举例：**琪琪跟上游厂商进货的支出

VS.

营业费用
＝管销费用＝间接成本

◎**定义：**指的是企业经营时，持续性、消耗性的支出

◎**举例：**琪琪租房当仓库的租金、仓库的水电费等费用，以及聘请学生兼职的薪水

3.研发费用：为了研发新产品而必须投入的经费，包含研发人员的薪水、研发新产品用的设备等等。

琪琪用营业收入扣除营业成本，得出营业毛利之后，再从营业毛利中拿出资金缴房租、付薪水，而当中的房租和学生兼职薪水等就是属于营业费用，营业毛利扣除了上述的营业费用，才是琪琪真正放入口袋的“营业利益”。也就是说，营业收入先扣除营业成本，再扣除营业费用后，才能算出营业利益（详见图1-4-2）。

营业利益的英文为“Operating Profit”，可以解读为“公司本

图
1-4-2
营收扣除营业成本、营业费用后，才是营业利益
——营业利益的定义

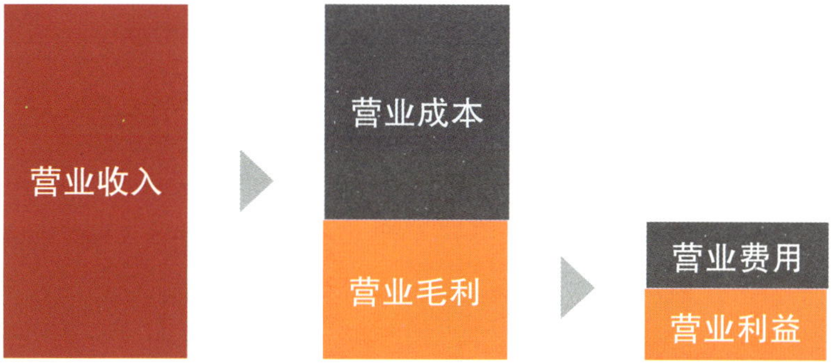

业的获利金额”，对投资人来说是非常重要的财务数字。听到“本业”，可想而知，也就有“非本业”的收入，如果一家公司的本业老是赚不到钱甚至亏钱，公司的营运都靠非本业的收入支撑，那投资这家公司的意义何在？还不如看看这家公司“非本业”都在做什么，然后直接投资更划算。

相较毛利率，营业利益率更能看出企业经营效率

除了营业利益金额，同样也要注意观察“营业利益率”，也就是“营业利益占营业收入的比重”，比率愈高，表示获利率愈佳，

图 1-4-3 **营业利益率为营业利益占营收的百分比**
——营业利益率计算公式

营业利益率 = 营业利益 ÷ 营业收入 × 100%

营业利益率 = （营业收入－营业成本－营业费用）÷ 营业收入 × 100%

计算公式如图1-4-3。由于营业利益率已经把公司在生产产品或提供服务时的一切成本考量进去，相对于毛利率来说，是更能看出企业经营效率的指标。

假设某项产品在市场上可被接受的价格为100元，甲、乙两家公司花70元的直接成本都能制造出成品，丙公司则需要80元才能制造出来。从毛利率来看，甲、乙两家公司的毛利率皆为30%，丙公司的毛利率仅为20%（详见表1-4-1）。

一般人可能会觉得甲、乙两家公司都不错，值得投资，但进一步观察营业费用时发现，甲公司需要多花20元才能销售出该项物

表 1-4-1

从营业利益率找出真正赚钱的公司
——以价值100元产品比较公司获利

项目	甲公司	乙公司	丙公司
营业成本/元	70	70	80
营业费用/元	20	10	10
毛利率/%	30 （100元－70元）÷100元×100%	30 （100元－70元）÷100元×100%	20 （100元－80元）÷100元×100%
营业利益率/%	10 （100元－70元－20元）÷100元×100%	**20** （100元－70元－10元）÷100元×100%	10 （100元－80元－10元）÷100元×100%
每卖1个产品的获利/元	10	**20**	10

品，但乙、丙两家公司都只要再多花10元就能完成整个销售流程，这样，甲公司的营业利益率就是10%、乙为20%、丙为10%。

由此就能看出，甲公司擅长控制成本，但对于其他费用的控制能力较不佳；丙公司则相反，在控制费用的能力上较优异，但成本较高；而乙公司在成本和费用上的控制最为得宜。如果要投资，当然是选择乙公司为上。

同时观察毛利率、营业利益率，避免企业作账

不过要特别留心，像是上述甲、丙两家公司，营业利益率都是10%，但毛利率却不同，除了可能真的是因为成本或费用控制得宜之外，也有可能是因为直接成本、间接成本的认定方式不同。针对同样项目的开销，甲公司可能认定为间接成本，列在营业费用当中，丙公司却可能列在营业成本当中。

只要会计人员认为这项支出不属生产商品直接相关的花费，就能列入间接成本，使得企业有一些"做账"的模糊空间。

有些公司为了维持高毛利率，在毛利下滑时，就将部分支出列在营业费用底下，少一点营业成本，就能维持毛利率在一定的水准（详见图1-4-4）。反过来说，如果不想让下游厂商觉得公司赚得多，就分配多一点支出在营业成本，少一点在营业费用，就能拉低毛利。

所以，如果发现一家公司的毛利率提升，千万不要见猎心喜地买进，最好同时观察毛利率和营业利益率，确认公司没有对综合损益表上下其手。

图 1-4-4 **将部分营业成本改列营业费用，可拉高毛利率**
——综合损益表调整示意图

综合损益表	
营业收入/元	100
营业成本/元	60
营业毛利/元	40
营业费用/元	20
营业利益/元	20

调整后

综合损益表	
营业收入/元	100
营业成本/元	55
营业毛利/元	**45**
营业费用/元	25
营业利益/元	**20**

营业成本减5元，毛利率从40%升至45%

营业利益率不变，维持20%

如果是毛利率和营业利益率同时下滑，表示公司获利能力正在走下坡，若非因为景气周期性因素所致，且情势维持数季不变，股价势必会受到牵连而下跌。

若是一家经营稳定的公司，通常毛利率、营业利益率的起伏走势会相当一致，且差距多在固定范围，意味着营业费用相当稳定。若进一步有成长动能，毛利率、营业利益率会同时呈缓步向上的趋势。

来看看股王大立光（3008）的情况。近5年来，毛利率从2012年第1季的38.52%成长到2016年第4季的70.72%，共增加了32.2个百分点；同期间，营业利益率从30.5%成长至60.9%，增加了30.4个百分点。毛利率和营业利益率在这5年间都同步上升，且两者的走势一直十分接近，营业费用的比率控制在最低为6.14%、最高为9.82%的区间内，相差最多不超过3.68个百分点（详见图1-4-5）。

而大立光的股价，2012年1月每股大约在600元，到了2016年最后一个交易日时，收盘为每股3,790元，股价是2012年年初的6倍之多。由此可以看出，一家具有成长性的公司，受到投资人青睐，股价就能步步高升！

图 1-4-5 **毛利率、营业利益率走势应贴近并缓步向上**
——以大立光（3008）为例

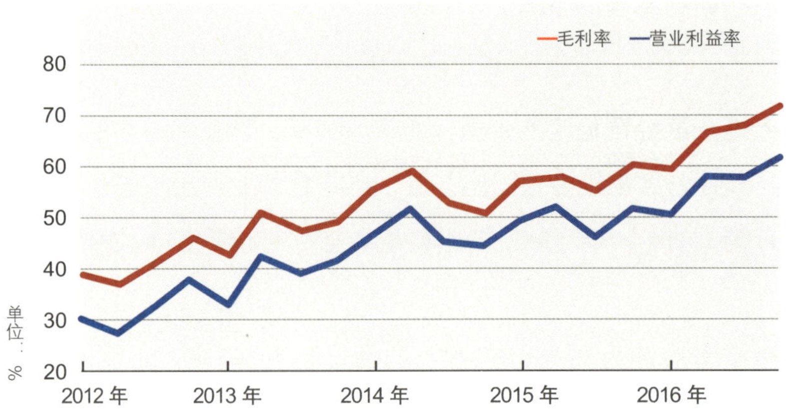

注：资料日期为 2012.Q1 ~ 2016.Q4　　资料来源：财报狗

1-5 查看税前净利率 注意一次性业外损益

常看到有媒体报道“某某公司处分土地进账现金”“某某企业汇兑损失”之类的消息，究竟这跟企业经营有什么关系呢？

一家公司除了来自于本业的获利（即营业利益）以外，还会有来自于非本业的“营业外收入及收益”“营业外费用及损失”，两者相抵，即为企业在本业以外的收入或损失（简称“业外损益”）。

把营业利益加上业外损益，就是该企业本期的“税前净利”（详见图1-5-1）。接着再扣除当期的所得税后，即为“税后净利”，是公司最终的利润。

业外损益为非本业的收入或损失，常见有4项

会影响税前净利的业外损益项目有很多，例如：利息收入、股

图 1-5-1 税前净利为营业利益＋业外损益
——税前净利示意图

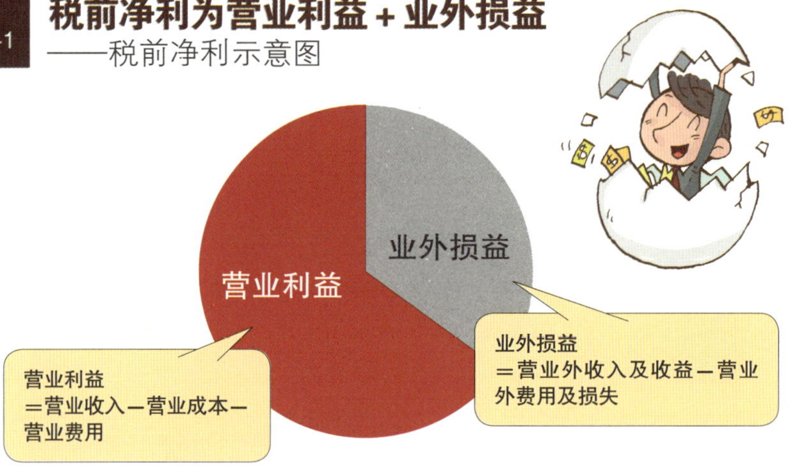

利收入、处分固定资产利益等（详见图1-5-2）。目前常见的对公司有较大影响力的业外益损，有以下这4项:

项目 1》处分土地获利

相信大家都听过“资产股”这个名词。所谓的资产股，指的是“有很多自有资产的公司”，在所有的自有资产中又以土地、房地产最有价值。很多传产类的老公司，例如台肥（1722）、远东新（1402）、大同（2371）、农林（2913）等等，都是相当知名的资产股。从过去的财报可以发现，有时候这些公司的本业获利平淡，但每当处分土地或房地产就会带来极大的收益，连带提升净利。

图 1-5-2 **业外损益可再细分为13项**
——业外损益细目

业外损益

营业外收入及收益

1.利息收入
2.股利收入
3.处分固定资产利益
4.处分投资利益净额
5.兑换利益净额
6.租金收入
7.其他收入

营业外费用及损失

1.利息费用
2.处分固定资产损失
3.采权益法认列之投资损失
4.兑换损失净额
5.金融负债评价损失
6.其他损失

项目 2》处分金融资产

企业有时也会利用资金来投资金融资产，例如股票、债券、基金等等。理所当然地，企业投资也和一般投资人一样有赚有赔：看准趋势，低买高卖，对企业的净利有所挹注；相反地，要是看错趋势，净利也会受到拖累。

项目 3》关联企业的获利

企业投资股票，若持有的股权占被投资公司总体股权的20%～50%

之间，称为关联企业（详见表1-5-1）。如果被投资的公司表现好，企业就能认列业外收益；反过来说，如果被投资的公司表现不佳，企业就得认列业外损失，造成净利缩水。

项目 4》汇兑损益

在这个地球村的年代，不少企业的客户都在国外，买卖交易以外币进行，而中国台湾地区的财务报表皆以新台币编制，因此汇率波动就会造成账面上的汇兑损益。

假设某公司有1,000美元的资产，编制第1季财报时，新台币兑美元的汇率为30：1，那么账上的价值就是3万元；到了编制第2季

表 1-5-1 **持有股权占20%～50%，即为关联企业**
——不同持股比率的认列方式

持股比率	影响力	类别	会计虚理方式
20%以下	无影响力	金融资产	以公允价值（即市价）或成本法评价
20%～50%	重大影响力	关联企业	采权益法评价，依比率计算损益
50%以上	有控制能力	子公司	亦采权益法评价，且相对于“个体财报”，子公司的状况会纳入“合并财报”计算

财报时，新台币兑美元的汇率变为32：1，账上的价值提升为3.2万元，就会产生2,000元的汇兑收益（详见图1-5-3）。

如果公司没有将美元兑换回新台币，这些因为汇率而产生的损益只是评价上的损失，不影响公司的现金流等等，但仍会影响到净利的表现。

而这些业外收益常为一次性的获利，尤其是处分土地或是资产，因为卖掉了就没有了，虽然当期能为公司带来非常亮眼的净利表现，但往往只是昙花一现。

图 1-5-3 新台币贬值时，账上新增汇兑收益
——以公司持有1000美元为例

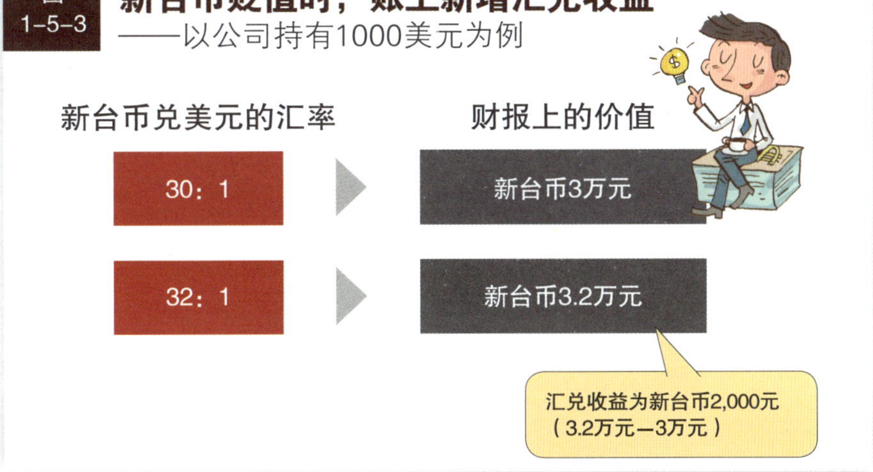

以资产股农林来看，2016年全年其本业不但没有获利，还亏损了0.38277亿元，但业外收益高达3.44316亿元，使税前净利仍有3.6099亿元的水准（详见图1-5-4）；进一步翻阅财报的附注，可以发现业外收益有3.2877亿元就是来自于处分不动产的获利。

如果遇到这样的状况，即便当期的税前净利表现极佳，投资人也应理性看待，最好能将一次性的业外损益剔除来评量，因为老是

图 1-5-4

净利主要来自业外收益，本业反而表现不佳
——以农林（2913）为例

台湾农林股份有限公司及子公司
合併綜合損益表
民國一〇五年及一〇四年一月一日至十二月三十一日

單位：新台幣千元

代碼	項目	附註	一〇五年度 金額	一〇五年度 %	一〇四年度 金額	一〇四年度 %
4000	營業收入	四、六.20及七	$610,770	100	[illegible]	[illegible]
5000	營業成本	六.21及六.22	(335,530)	(55)	[illegible]	[illegible]
5900	營業毛利		275,240	45	[illegible]	[illegible]
6000	營業費用					
6100	推銷費用	六.22	(98,992)	(16)	[illegible]	[illegible]
6200	管理費用	六.21及六.22	(195,000)	(32)	(167,215)	[illegible]
6300	研究發展費用	六.22	(19,465)	(3)	(6,207)	(1)
	營業費用合計		(313,457)	(51)	(325,971)	(35)
6900	營業利益(損失)		(38,217)	(6)	73,552	8
7000	營業外收入及支出	六.23				
7010	其他收入		66,500	11	9,328	1
7020	其他利益及損失		324,949	53	679,863	73
7050	財務成本		(63,454)	(10)	(42,037)	(4)
7060	採用權益法認列之關聯企業及合資損益之份額	四及六.10	16,321	2	3,865	-
	營業外收入及支出合計		344,316	56	651,019	70
7900	稅前淨利		306,099	50	724,571	78
7950	所得稅利益	四、五及六.25	4,067	1	35,581	3
8200	本期淨利		[illegible]	[illegible]	[illegible]	81

2015年、2016年，农林的本业获利表现不佳

农林的业外收入高，即便2016年本业亏损，税前净利仍有3亿多元

资料来源：公开资讯观测站

靠业外收益来维持营运的公司，基本上前景堪忧。

部分企业享税负优惠，税后净利大于税前净利

影响税后净利的项目就只有所得税。因为“税前净利－所得税”就是税后净利，所以影响的因子仅有所得税。简单来说，就是公司获利须缴交的营利事业所得税，“通常”是17%。

什么状况下税率会不同呢？若有海外收入，税率可能会因各国情况不同而有所调整，或是因政府要扶持某些产业，就会给予税负上的优惠。有时政府提供税负优惠，企业可减抵往后年度要缴纳的所得税，不仅不用缴钱、甚至还可退税，企业拿到的退税金额称为“所得税利益”，这时财报上就会出现税后净利大于税前净利的状况。

像是华亚科（股票代号3474，已退市），2014年全年的税前净利为466.84968亿元，但税后净利比税前净利还高，达529.12767亿元（详见图1-5-5），就是因为有所得税利益62.27799亿元进账的关系。

当公司突然适用税负优惠，或有所得税利益时都是利多，但这样的议题往往只是题材面，投资人要注意的是：这样的税负优惠可

图 1-5-5 **因有所得税利益，税后净利比税前净利高**
——以华亚科（3474）为例

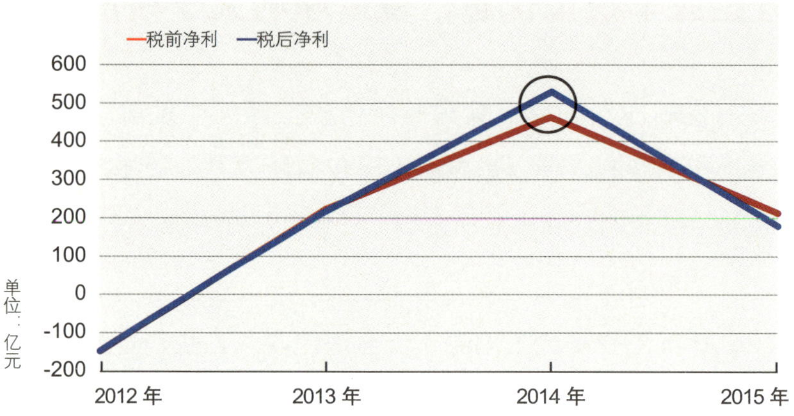

注：资料日期截至 2015 年　　资料来源：财报狗

以持续多久？公司是否赚钱？公司若不赚钱，就算所得税税率再低也没用。

税前净利率愈高，企业获利能力也愈高

若以当期来看，不论是企业的税前净利还是税后净利，两者的绝对数字当然愈高愈好。观察长期趋势时，虽然税后净利才是企业真正的净利，但多数人会以税前净利为主要参考依据，因为那才

图 1-5-6

税前净利率为税前净利占营收比率
——税前净利率计算公式

税前净利率 = 税前净利 ÷ 营业收入 × 100%

是公司真实的营运绩效。所得税并不是因公司经营不好而造成的减项，就算有所得税利益也是因为政府退税，并非公司改善了经营面而来的加项，所以观察税前净利才能排除所得税的干扰。

观察时有两个重点：绝对金额的趋势向上且“税前净利率”持续上升。税前净利率表明每做100元的生意，净利占了多少比率，又称为“税前纯益率”，计算公式如图1-5-6。如果同时符合以上两个条件，就表明公司生意规模不仅愈做愈大，获利能力也同步地愈来愈强。

1-6 运用每股盈余推估回本速度、股利水准

综合损益表的最后一个重点项目即是“每股盈余”（Earnings Per Share，简称“EPS”），又称为“每股收益”“每股盈利”或“每股税后利润”。有注意到吗？不管它有多少别称，“每股”开头都是不变的，那是因为每股盈余是以流通在外的股数当成计算分母，所以每股盈余就是“每一股股份赚了多少钱”。

每股盈余的算法如图1-6-1，其中，“流通在外的普通股加权股数”简单来说就是公司所发行的股数。例如统一（1216），2016年税后净利为145.26719亿元，流通在外的普通股加权股数

tips

三大财务报表中，仅每股盈余以“元”为单位

“每股盈余”是三大财务报表中唯一一个以“元”为单位的财务数字，其他诸如营业收入、营业毛利等，都是以“千元”为单位。所以大家在看财报时，假如看到每股盈余为“5”，可不要以为每一持股单位赚到了5,000元，正确的是每股盈余为“5元”。

图 1-6-1

每股盈余为每一股份平均赚了多少税后净利
——每股盈余计算公式

每股盈余 ＝ 税后净利 ÷ 流通在外的普通股加权股数

为56.82015亿股，换算下来，每股盈余为2.56元（145.26719亿元÷56.82015亿股）。也就是说，每一股的获利为2.56元。

在财务报表上会看见每股盈余又区分为“基本”和“稀释”两种，图1-6-1的算式为“基本每股盈余”，“稀释每股盈余”则是考量到可转换公司债（未来可转换成股票的公司债券）、可转换特别股（详见3-6）及员工认股权等，将这些项目假设为已经转换成股权的状况，并加计到分母中，股数会因此变大。

在分子（即税后净利）不变的情况下，分母变大，每股盈余会被“稀释”，所以称为“稀释每股盈余”，数字会比基本每股盈余还要小，但是差距通常不大，因此一般投资人只须关注基本每股盈余。

每股盈余成长或维持水准，才能稳定发放股利

由于每股盈余是指“每一股股份赚了多少钱”，如果你是老板或股东，那么这个数字当然愈高愈好，因为每股盈余牵涉到每年的股利水准。通常绩优的好公司，每年的股利发放水准与每股盈余会保持一定的比率，譬如如果每股盈余是5元，而该公司每年股利习惯发放每股盈余的70%左右，则投资人隔年能拿到的股利，大约就是每股3.5元。

实际的股利仍须经董事会提出，并由股东大会同意，但是投资人可以根据每股盈余高低与企业的发放水准惯例，来判断可能领到的股利。

所以，最好的状况是，每股盈余若能持续向上成长，就代表以后可能会领到更多股利。如果已经是发展成熟的企业，则要维持每股盈余的水准，才能稳定发出股利。如果每股盈余持续向下，表示获利能力转差，未来股利也会愈领愈少，投资人要特别注意。

像是被称为台股绩优生的台积电（2330），每股盈余从2012年的6.42元，成长到2016年的12.89元。这样的成长趋势受到投资人青睐，所以股价从2012年每股70元、80元，成长到2016年年底每股

图 1-6-2 每股盈余逐年增加，股价也跟着倍涨——以台积电（2330）为例

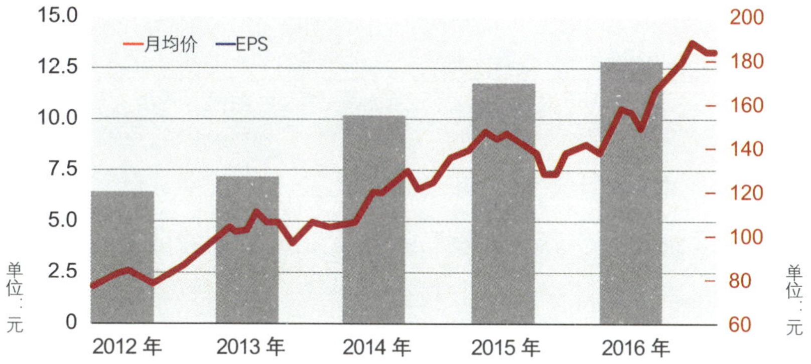

注：资料日期截至 2016.12　　资料来源：财报狗

180元左右（详见图1-6-2）。

用每股盈余、股价算本益比，买回本速度快的股票

如果你发现一家公司的每股盈余表现相当好，而你尚未成为股东，准备进场买股票，此时要考量的，除了每股盈余是否能维持良好的表现之外，还有很重要的一点是“回本速度”。

举例来说，假设琪琪的网店事业1年营业收入达500万元，而另外一家妮妮经营的网店生意，1年营业收入则高达1,000万元。此时要如何判断谁的生意做得比较好呢？如果单就“营业收入”判断，多数人会认为妮妮的生意比较好。

有基础财务知识的人会知道这样比较不太公平，因为这样只是单纯比较营业收入多寡，并没有扣除营业成本和营业费用，也没有考量到业外损益的部分。所以我们接着以“净利”来观察两位的生意，琪琪每年的净利为100万元，妮妮的是150万元，相较之下，仍然是妮妮比较厉害。

但是，在比较不同生意规模或不同产业时，我们千万不能忘记“比较的基础要相同”，应用同样的基准来判断究竟谁比较快回本！因为做生意的最终目的是赚钱，但首要目标应先追求回本，所以我们必须考量一开始所投入的资金。

如果琪琪投入200万元，那么在每年净利100万元的状况下，她2年就能回本；妮妮投入的资金则为600万元，每年净利150万元，需要4年才能回本。这时回本比较快的琪琪，其经营效率与资本报酬率反而比妮妮更高（详见表1-6-1）。

表 1-6-1

比较回本速度，须同时评估净利与投入资金
——不同生意规模的回本时间

	琪琪	妮妮
投入资金/元	200万	600万
每年营业收入/元	500万	1,000万
每年净利/元	100万	150万
回本时间/年	2 胜	4

计算时，是以“投入资金÷每年净利＝回本时间”为公式，而作为投资决策时，因为买卖的是股票，所以可考量“投入每一股的资金，何时会回本”，也就是我们常常听到的“本益比”，算法如图1-6-3。

图 1-6-3

计算本益比，可得出投资每股资金的回本时间
——本益比计算公式

本益比 ＝ 股价 ÷ 每股盈余

举例来说，台积电目前的股价为每股191元（2017年4月12日收盘价），而2016年的每股盈余为12.89元，本益比就是14.82倍（191元÷12.89元）。假设投资人在台积电每股191元时，买了1股，且往后台积电的每股盈余都相同，赚到的钱也全数发给股东，就表示投资人可以在14.82年后回本。

不过要特别注意，很多人在判断股价是否便宜时，会过分在意“低本益比”，而忽略了其他事项，但真正投资时需要关注的方面有很多，例如产业发展的前景。

而且，不同的产业，市场给予的本益比倍数不同，投资人认为未来有发展前景的产业本益比通常较高。根据台湾地区证券交易所公布的本益比3月月报，生技医疗业的本益比为29.14倍，就比大盘的本益比16.1倍高出许多；反之，发展性不强的产业，本益比就会相对较低。因此本益比低不代表你捡到便宜，有可能是产业或企业的未来不被看好，对此投资人应多留心。

从每股盈余、每年股利发放率推估股利水准

前文提到，公司赚的钱不见得会全数发还给股东，所以，有些投资人会更关注于“能拿到多少股利”这件事。只要搭配“现金股

图 1-6-4 **每股盈余、股利发放率愈高，股利也可能会愈高**
——预估现金股利计算公式

每股预估现金股利 = 每股盈余 × 现金股利发放率

利发放率”，就可以用每股盈余来推估股利发放的水准。假设某公司去年每股盈余是10元，现金股利发放率为80%，那投资人每持有1股股权就能拿到8元，算法如图1-6-4。

以实际的案例说明，同样来看台积电，2016年的每股盈余会在年度结算后于2017年发放给股东，而结算后知道台积电2016年每股盈余为12.89元。假设我们现在还不知道台积电会发放多少股利给股东，那么就用过去几年的现金股利发放率来推估。

过去几年，台积电的现金股利发放率多在41.3%~57.9%之间（详见图1-6-5）。保守推估，发放率约为40%，最低每股可以领到5.16元（12.89元×40%）；乐观推估，发放率约为60%，每股可领到7.73元（12.89元×60%）。

图 1-6-5

现金股利发放率多半会维持在一定区间

——以台积电（2330）为例

* 連續26年配發股利, 合計 90.4元　　匯出HTML

股利發放年度	股利政策 股東股利(元/股) 現金股利 盈餘	現金股利 公積	現金股利 合計	股票股利 盈餘	股票股利 公積	股票股利 合計	股利合計	股利總計 現金(億)	股利總計 股票(千張)	董監酬勞 合計(百萬)	董監酬勞 佔淨利(%)	員工紅利 現金(億)	員工紅利 股票(千張)	殖利率統計 股價年度	股價統計(元) 最高	股價統計(元) 最低	股價統計(元) 年均	年均殖利率(%) 現金	年均殖利率(%) 股票	年均殖利率(%) 合計	盈餘分配率統計 盈餘年度	EPS(元)	盈餘分配率(%) 配息	盈餘分配率(%) 配股	盈餘分配率(%) 合計
2017	7	0	7	0	0	0	7	1,815	0	-	-	-	-	2017	195	179	187	3.74	0	3.74	2016	12.89	54.3	0	54.3
2016	6	0	6	0	0	0	6	1,556	0	-	-	-	-	2016	193	130.5	166	3.61	0	3.61	2015	11.82	50.8	0	50.8
2015	4.5	0	4.5	0	0	0	4.5	1,167	0	407	0.15	176	0	2015	155	112.5	140	3.22	0	3.22	2014	10.18	44.2	0	44.2
2014	3	0	3	0	0	0	3	778	0	104	0.06	126	0	2014	142	100.5	123	2.45	0	2.45	2013	7.26	41.3	0	41.3
2013	3	0	3	0	0	0	3	778	0	71.4	0.04	111	0	2013	116.5	92.9	104	2.88	0	2.88	2012	6.41	46.8	0	46.8
2012	3	0	3	0	0	0	3	777	0	62.3	0.05	89.9	0	2012	99.4	73.8	84.1	3.57	0	3.57	2011	5.18	57.9	0	57.9
2011	3	0	3	0	0	0	3	777	0	51.1	0.03	109	0	2011	78.3	62.2	72.1	4.16	0	4.16	2010	6.24	48.1	0	48.1

资料来源：Goodinfo！台湾地区股市资讯网

如此，就可以算出台积电2017年发放的股利介于5.16元～7.73元间，而根据台积电董事会的决议，2017年要发放7元，是不是很接近呢？只要你学会看懂这些基本财务知识，就能预先推估股利，并找机会逢低买进。

NOTE

Chapter 1

Chapter 2

Chapter 4

Chapter 2

现金流量表

记录金钱实际进出状况

2-1 利用现金流量表 掌握企业营运风险

通过第一章的介绍，你已经知道综合损益表可以让你了解公司到底有没有获利，那么这一章要介绍的“现金流量表”，就是能让你确认这些获利到底是纸上富贵，还是可以货真价实地转换成入袋现金的报表！

现金是维持公司营运的根本

由于综合损益表采取“应计基础”，只要有交易行为就须记账，并不代表真的已经收到货款，或是收得到货款，也因此在综合损益表上，就算有获利，也不代表公司就会收到相等的现金。

但“现金流量表”与综合损益表不同，现金流量表的记账概念是“一定要有现金流进或是流出”才算数，是用“现金”来记录的一张报表，其重要性绝不亚于综合损益表，甚至现在有许多专家在观察一家公司的财报时，最先关注的就是“现金流量表”。

现金流量表为什么重要呢？因为“现金”才是一家公司能继续营运下去的关键。公司必须要用现金来支付员工薪水、货款、贷款利息、税、水电费等各式各样的开支，这些费用都不能拖欠，而且是公司营运必需的花费；公司如要进一步成长，扩厂、扩产也都缺不了现金（详见图2-1-1）。

图 2-1-1 **公司许多花费均须以持有现金支应**

——公司持有现金所须支付的项目

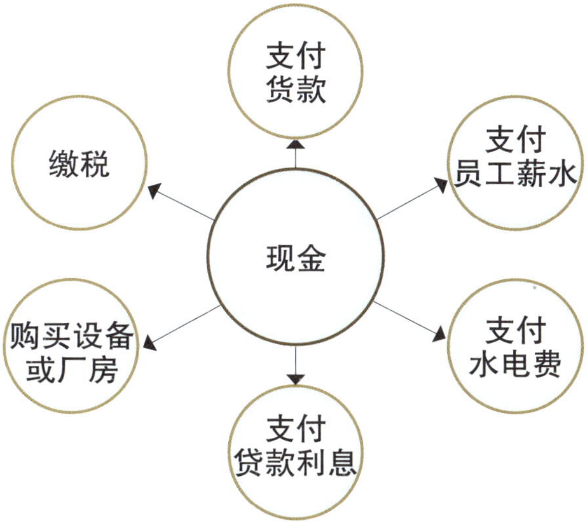

一家公司没有获利，甚至亏损，只要手上还有现金，都还不至于马上倒闭，甚至还可以持续营运好一段时间。但是，公司现金一旦用罄，付不出员工薪水、货款、利息等，无论账上有多大量的营收、获利，立刻就面临倒闭的风险，就如同第1篇提到的黑字倒闭的状况一样。

因此，现在许多专家在观察企业财报的时候，会优先检视现金流量表，这是为了确认企业经营的安全性，评估企业倒闭风险的高低，同时也评估企业产生现金流入、偿还债务、支付现金股利的能力（详见图2-1-2）。毕竟公司经营跟个人理财一样，一定要有

图 2-1-2 **检视现金流量表，确认企业经营的安全性**
——现金流量表四大功用

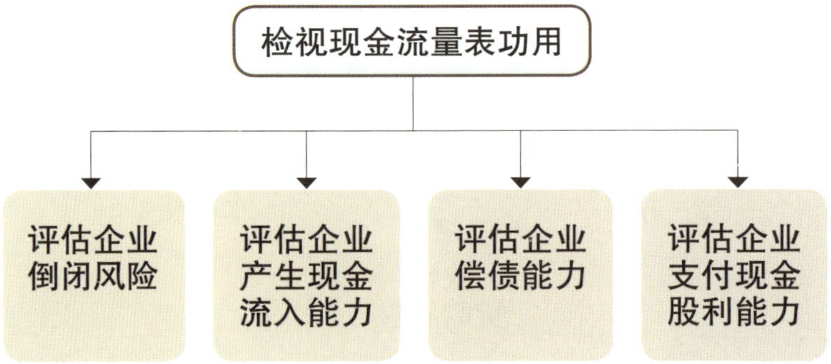

未雨绸缪的观念，手上握有一定数量的现金，如此一来，若是遇上景气下行、银行抽银根，或是营运上出现意外支出时，才能度过难关，继续生存下去。

现金流量表可分为营业、投资、筹资3种现金流

现金流量表主要由三部分组成，按现金来源不同区分，分别是“营业现金流”“投资现金流”以及“筹资现金流”（详见图2-1-3）。

图 2-1-3 **营业现金流为最佳现金流入来源**
——现金流量表的3种现金流

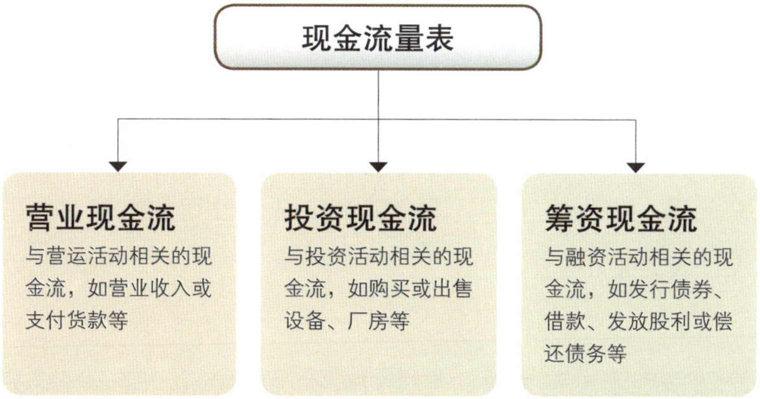

1.营业现金流：指的是通过营运活动而赚回来的现金。营业现金流是3种现金流中最佳的现金流入来源，因为营业现金流若能持续流入，就代表企业在努力经营，而且的确有赚取现金的能力。

2.投资现金流：与企业投资相关的现金流，例如买土地、买设备、扩厂等。这些行为会造成投资现金流流出，投资得愈多，现金流出就会愈大；反之，卖土地、卖设备等，就会带动投资现金流流入。

3.筹资现金流：可以看作公司与外界的借贷关系，例如发行债券、跟银行借款、向投资人募资，这些行为都会造成筹资现金流的流入；但反过来说，若是公司对银行还款、向股东发股利，就会造成筹资现金流流出。

将这3种现金流加计后，就会得到“净现金流”（详见图2-1-4）。净现金流为正数，代表公司有现金流入，负数则代表现金正在流出。若公司长期净现金流都处于流出的状态，就是经营状况有问题的警报。毕竟，现金就像是一家公司的血液，公司若持续出血，肯定活不久。

既然净现金流是负数，是公司有状况的警报，那么净现金流是正数，现金持续流进，就代表是好事吗？答案是，不一定！

图 2-1-4 **3种现金流加总后即为公司净现金流**
——净现金流计算公式

净现金流 ＝ 营业现金流 ＋ 投资现金流 ＋ 筹资现金流

就算公司持续有净现金流入，还是需要回头检视现金流入究竟是来自于哪里，如果是来自于营业现金流，那是最理想的状态，代表公司的现金流入来自于公司努力经营本业的成果。优质公司的最主要现金流来源都是来自于营业现金流。

但若净现金流入多数是来自于投资现金流，则很有可能是来自于处分资产，如卖房、卖地、卖设备。这种现金流通常都只是一次性的收益，没有可持续性，对公司长期而言帮助并不大，毕竟公司不可能天天都在“卖祖产”，且卖出设备、器材，甚至可能不利于公司未来的成长。

最不好的状况，就是净现金流入主要都来自于筹资现金流，若是如此，就代表公司是举债过日，靠着借钱因应营运所需。毕竟若是钱都

表 2-1-1 **净现金流为负，须当心公司营运出问题**
——解读净现金流与公司营运关连性

	现象	解读
净现金流>0	公司有现金流入，持有现金增加	须检视净现金流主要来源，来自营业现金流才是理想状态
净现金流<0	公司现金正在流出，持有现金减少	公司资金持续流出，表示公司营运有问题

来自于向外界借款，不仅需要背负利息，也等于是要看“外人”的脸色过日子，代表公司没办法靠自己赚来的钱过活。未来要是银行抽银根，可能立刻会使公司的现金流大减，冲击营运（详见表2-1-1）。

利用现金流量表，可导出公司期末现金存量

要提醒的是，现金流量表是“流量”的概念，而不是“存量”的概念，也就是现金流量表中呈现出来的数字，代表的是这一段时间内公司所获得或所付出的现金，而不是公司现在实际拥有的现金。

就像是你今年辛苦工作存下了30万元，但这代表你户头中只有30万元吗？并非如此，应该是将你今年存下的30万元，再加上先前

图 2-1-5 **公司当前持有现金须计入期初现金与净现金流**
——期末现金计算公式

期末现金 ＝ 期初现金 ＋ 净现金流

工作所累积下来的存款，才是你总共拥有的现金。

同样的概念推导到公司也是如此，想要知道公司现在实际上拥有多少现金，应该是要将最新的净现金流加上一开始已经拥有的现金，也就是期初现金，就会得到现在公司当下有的现金，即为期末现金（详见图2-1-5），也就是资产负债表上的现金（详见3-1）。

如有尚未收取的货款，不应计入当期净现金流

问：

A公司第1季卖出1,000万元的货，目前已经收到800万元的货款，另外200万元要等到第2季才会收到。除此之外，为了扩展业务，A公司向银行借款200万元，并花了300万元更新厂房设备。目前A公司员工有5位，每位平均月薪是4万元。请问A公司第1季的净现金流是多少呢？

答：

营业现金流：货款800万元－5位员工×平均月薪4万元×3个月
＝800万元－60万元＝740万元

投资现金流：－300万元（更新厂房设备）

筹资现金流：200万元（向银行借款）

净现金流＝740万元－300万元＋200万元＝640万元

→A公司第1季净现金流为**640万元**

2–2 观察营业现金流 挖出高获利含金量公司

阿强最近在东区最热闹的地段开了一家新潮酒吧，由于他交游广阔，三教九流的朋友都有，因此阿强酒吧开张的消息传开后，各方朋友纷纷前来捧场。阿强的酒吧每天都客满，生意好到让附近的酒吧大为眼红，更传言阿强酒吧每天晚上营收超过50万元，周末甚至可以再翻倍。

然而，阿强酒吧却在风光开张不到3个月之后就歇业了。消息一出，阿强的亲友们大吃一惊：酒吧生意这么好，不是应该数钞票都数不过来了吗，怎么会关门大吉呢？怎么会有人放着赚钱的生意不做呢？

其实阿强是有苦说不出，他不是想放着赚钱的生意不做，而是酒吧生意虽好、每天都客满，但是来喝酒的朋友却常常套交情而赊账或要求请客，或是客人喝醉耍赖，没付钱就走。所以，酒吧客人虽多、生意虽好，但其实很多都是亏本生意，阿强根本就没收到钱。

欲知业绩中真正入袋的现金，要看营业现金流

阿强酒吧经营不下去的关键，在于空有业绩，但却没有现金入袋。同样的状况放到公司经营也一样，多数人观察企业财报的时候，最关心的就是企业有没有获利、税后净利（详见1–5）、EPS（每股盈余，详见1–6）是多少，但是综合损益表上的获利都只是账上预估的概念，不代表现在真正收到的现金，也不是真的能收回的现金。

因此一家公司是不是真的赚到钱，还是要看“进到口袋里的钞票”才算数。否则，只看综合损益表上的获利，你就会犯了跟阿强的亲友一样的错误了。

综合损益表上的当期业绩获利并不代表公司业务真实得到的现金，想要了解公司通过获利而真正入袋的现金有多少，投资人必定要看的就是现金流量表中的“营业现金流”。

营业现金流是现金流量表的3种现金流当中，投资人优先需要观察的！营业现金流之所以重要，是因为它代表着企业通过“自身营

表 2-2-1 **营业现金流可展现公司将获利变现的能力**
——税后净利vs.营业现金流

	税后净利	营业现金流
会计基础	应计基础	现金基础
现金差异	获利当中包含尚未收到的现金，并扣除了没有真的用到现金的成本费用	只计入透过营业活动已经收到的现金
意义	展现公司获利的能力	展现公司将获利转换为现金的能力

运”所带来的现金流，而非向外借钱、向股东要钱，或是变卖资产而拿到的钱，展现的是企业把营运获利变现的能力（详见表2-2-1）。

什么样的营业活动会造成营业现金流呢？只要是与本业营运相关，列入损益计算的交易事项，例如卖出商品、服务或厂商偿还先前积欠的款项，以及存款利息和股息收入等，都会造成营业现金流入；反之，如果买进商品和原料、偿还给供应商账款，或是支付营业费用、贷款利息、税款等，都会造成营业现金流出（详见图2-2-1）。

图 2-2-1 **除了货款，利息、税款等收支也属于营业现金流**
——营业现金流入vs.流出

- 营业活动
  - 现金流入
    - 现销商品、劳务
    - 应收账款收现
    - 存款利息收入
    - 股息收入
  - 现金流出
    - 现购原料、商品
    - 偿还账款
    - 支付营业费用
    - 支付贷款利息
    - 支付税款

计算营业现金流，须加减未实现亏损与获利

现金流量表上，营业现金流的概念，基本上是以综合损益表上的“本期净利（或亏损）”为基础，“把没花钱的部分加回来（现金加项）”，再“把没收到钱的部分扣除（现金减项）”，真实呈现营业现金进出的状况，揭露本期净利和营业现金流的差异，并且更进一步衡量企业的盈余品质（详见图2-2-2）。

什么叫做“把没花钱的部分加回来”？在综合损益表中，净利是将公司的营收扣除掉成本和费用的结果，但实际上有些成本和费用并没有真正花了钱，在计算营业现金流的时候，就必须把这些成本和费用加回来。

图 2-2-2 **营业现金流仅计算真正有现金流动的项目**
——营业现金流计算公式

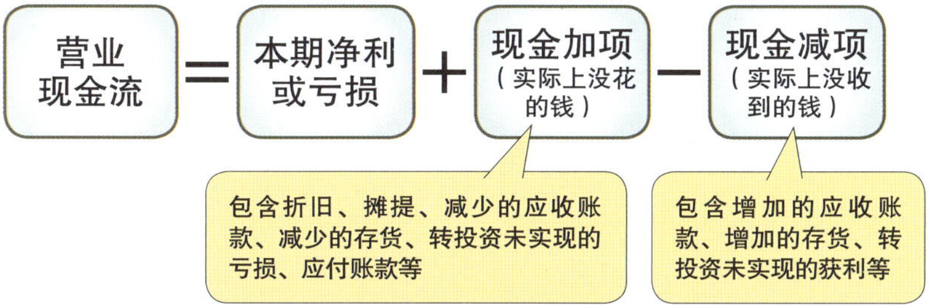

举例来说，折旧是认列成本费用的一种方式，只是成本分摊的效果，实际上并没有造成当期现金的流出，因此在计算营业现金流时，就要把折旧加回来。

另外一种状况，则是公司有转投资获利，但并没有实现损益。例如，A公司在股价20元时买了1万股B股票，后来股价下跌到10元，此时A公司在账上转投资就亏损了10万元，但其实A公司并没有把B股票卖出，也就是没有真的实现亏损。在这种情况之下，在计算营业现金流时，就需要把这笔金额加回。

以转投资的状况来看，“把没收到钱的部分扣除”也是一样，如果A公司在股价20元时买了1万股B股票，后来股价上涨到30元，此时A公司在账上转投资就赚了10万元，但其实A公司并没有把B股票卖出，也就是没有真的收到现金，在这种情况之下，在计算营业现金流时，就需要把这笔金额扣除。

除此之外，“应收账款”和“存货”（详见第三章）则是“把没收到钱的部分扣除”最主要的两个调整项目。

应收账款，简单来说，就是应该收到但却还没收到的款项。如同第一章所说，公司在卖出商品或服务时得到的就是“营业收入”，营收增加通常就会带动净利增加，但营收并不是都能立即收现，没有收现的部分就叫做“应收账款”。因此应收账款若是增加，代表净利增加，但实际上还没有收到钱，因此在营业现金流上就必须要扣除；反之，若是应收账款减少，代表钱已经入账，可加在营业现金流上。

存货因为需要用钱买，因此存货增加就代表现金流出，是营业现金流上的减项；反之，存货减少就意味着现金流入，要在营业现金流上加回。

用营业现金流对税后净利比观察公司获利含金量

有些公司明明综合损益表上显示获利，但营业现金流却很低，甚至是负数，这就代表公司只是账面获利，却没有真正收到现金，这个获利其实是“虚的”。且营业现金流若是长期都处于低档，就代表公司有资金周转的风险，是一定要警惕的信号。

至于要如何检视公司获利变现能力强不强、获利含金量高不高，我们可以利用“营业现金流对税后净利比”来观察（详见图2-2-3）。

图 2-2-3 **营业现金流对税后净利比愈高，获利含金量愈高**
——营业现金流对税后净利比计算公式

营业现金流对税后净利比 = 营业现金流入 ÷ 税后净利 × 100%

利用营业现金流对税后净利比的公式，可以知道公司每获利100元，到底有多少钱可以变成现金进账。假设算出来的数字是60%，就代表每100元的获利当中，有60元是公司可以拿到的营业现金，数字愈高，就代表公司获利变现的能力愈强，获利含金量也愈高。

至于怎样的公司获利变现能力可以算是好呢？当然此数值是愈高愈好，且要能够长期维持。一般来说，此数值要在80%以上才理想，能够超过100%是最好。不过，你可能会有疑问，怎么会有100%以上的数字？公司不过就获利100元，怎么能够有110元现金入袋呢？

不要忘了，计算营业现金流时，要“把没花钱的部分加回来”。由于中国台湾地区许多公司属于购买大量设备、器材的制造

图 2-2-4 **中华电获利变现能力长期都超过100%**

——中华电（2412）营业现金流对税后净利比

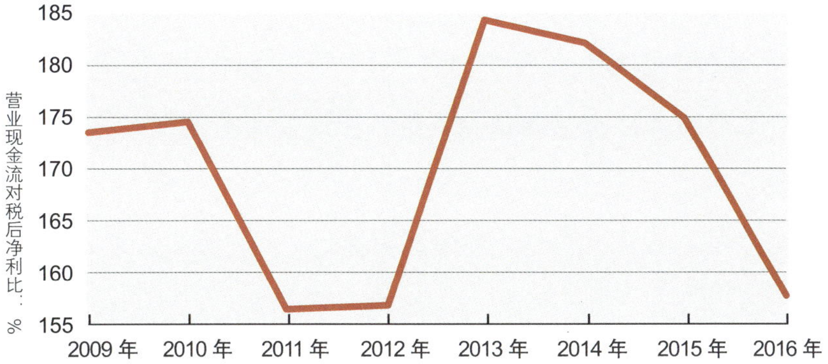

注：资料统计时间为 2009 年～2016 年　　资料来源：财报狗

业，因此折旧的金额都很高，把这些折旧金额加回营业现金流时，就会使得营业现金流高于税后净利。

以台湾电信业龙头中华电（2412）来看，其获利变现能力就非常好，营业现金流对税后净利比长期都在100%以上，最高时可到184%，最低时也仍旧有150%以上的水准，代表营业现金流入超过账面上的获利数字，获利货真价实（详见图2-2-4）！

反之，若是一家公司的营业现金流对税后净利比长期低于50%，甚至是出现净利、营业现金流一正一负，走势不一致的状况，那么就代表公司可能有虚增获利的情况。

2016年爆发收购作弊案的乐升（3662）就有这样的迹象。乐升的EPS自2011年以来每年都是正的，显示公司有获利，甚至在2012年还超过6元；但观察营业现金流对税后净利比，却是5年里面有4年是负数，显示本业获利根本没有收到现金（详见图2-2-5）。

图 2-2-5 **乐升EPS是正的，但营业现金流表现却不佳**
——乐升（3662）EPS与营业现金流对税后净利比

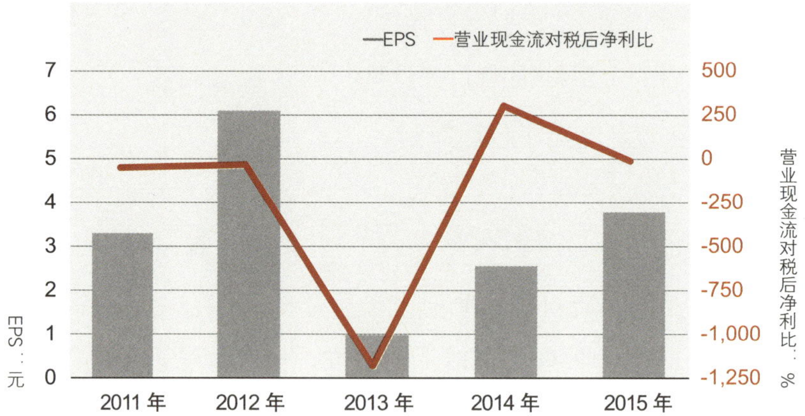

注：资料统计时间为 2011 年～2015 年　资料来源：财报狗

2–3 解析投资现金流 分辨公司是投资或败家

“投资现金流”，简言之，就是与“投资行为”相关的现金流量，例如购买厂房、设备等，都是造成投资现金流出的原因；反之，卖出土地、设备、厂房等，会收到现金，就能够造成投资现金流进（详见图2–3–1）。

成长期产业的投资现金流出通常较高

与营业现金流不同，投资现金流并不是流进愈多就愈好，反而流出才是常态。因为无论是什么产业，若是不再投资升级，通常就代表成长停滞，也因此公司若是想要提升竞争力、保持成长，就需要持续投资来扩张产能，才能避免被市场淘汰。

通常资本密集的产业就会有庞大的资本支出，造成大量的投资现金流出。例如，台积电（2330）处于科技日新月异的晶圆代工

图 2-3-1 **投资其他企业，也会造成投资现金流的流动**
——投资现金流入vs.流出

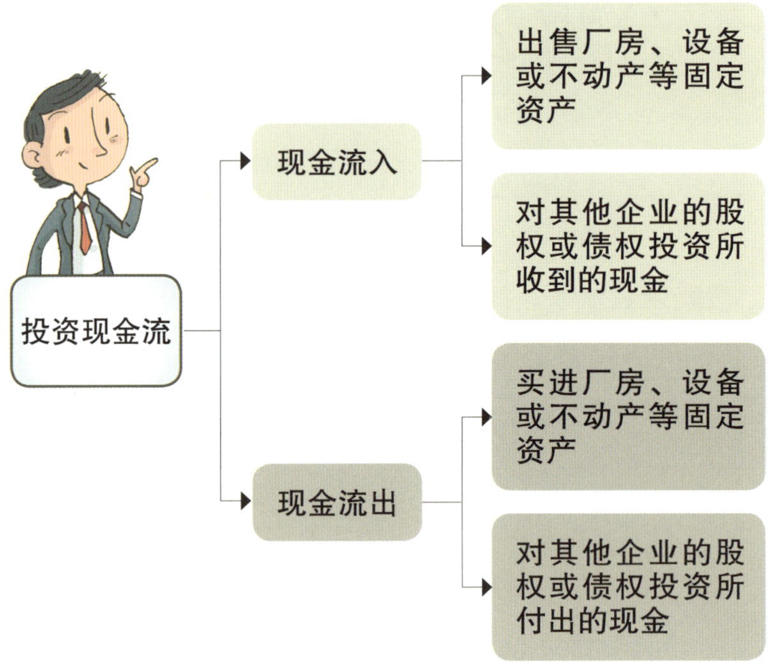

产业，为了维持龙头地位，以及满足产能需求，就需要不断大量投资来精进制程及扩厂，因此每年投资现金流出都是动辄千亿元以上（详见图2-3-2）。

我们也可以借由观察公司投资现金流出的多寡，来观察经营阶

图 2-3-2

台积电的投资现金流近年来流出都逾千亿元

——台积电（2330）投资现金流

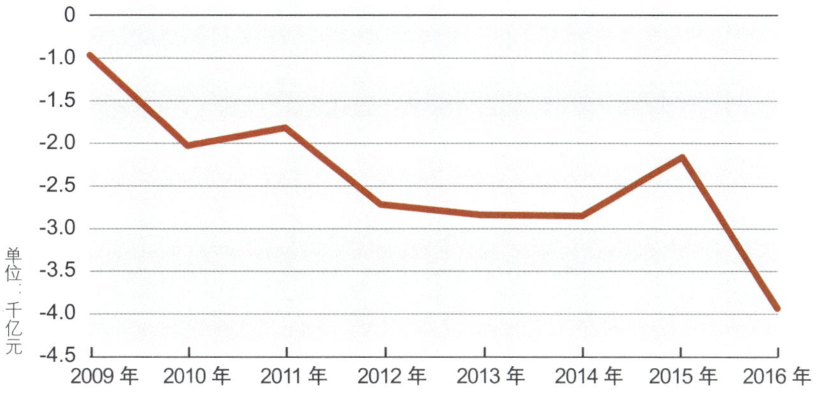

注：资料统计时间为 2009 年 ~ 2016 年　　资料来源：财报狗

层对未来业绩是否乐观。一般来说，处于成长期的产业，投资现金流出会较高，且逐年扩大；而处于成熟期的产业，扩厂需求降低，投资现金流就会较低，且逐年缩小。

反之，若是投资现金流是流入，则对于公司未来成长性来说多半不是好事。因为若投资现金流的流入是来自于出售土地、厂房所得，这不过就只是一次性的现金流入，对于公司日后的业绩、营运成长并不会有帮助，只能算是“变卖祖产”罢了。

长期投资现金流 > 营业现金流，财务面将恶化

但话说回来，虽说有投资才有成长，但若是公司只顾着投资，把钱都砸进去，过度扩张，这也绝对不是好事。就算这家公司很会赚钱，但是赚来的还不够花出去的多，长期入不敷出，存不了钱，迟早不是败光家产，就是必须要向外借钱。

例如，过去在媒体上常看到的“4大惨业”：DRAM（动态随机存取记忆体）、面板、LED（发光二极体）及太阳能，就是因为太会烧钱而得到这个称号。因为这些产业的资本支出都极高，为了维持竞争力，必须不断扩厂，投入下一代技术以防被淘汰，而且每盖一座厂都需要数十亿元以上的资金。最严重的问题，就是投资资金还未回收之前，就已经需要再投资下一代，赚来的钱不够应对投资的钱，导致资金缺口愈来愈大，财务体质愈加恶化，陷入恶性循环。

公司若是长期都在烧钱，手中留不住钱，不仅会使得应对财务危机的能力降低，周转不灵的可能性提高，在有好的投资机会降临时，如扩厂、并购等，也会因为手中缺乏银弹而错失机会。就公司发展角度而言，这是非常不利的。

那么，如何衡量一家公司是不是很会败家、烧钱凶不凶、投

图 2-3-3

自由现金流为正值，公司可运用资金较充足

——自由现金流计算公式

自由现金流 = 营业现金流 − 投资现金流

资得值不值得呢？这时候就需要通过“自由现金流”来判断。所谓“自由现金流”，顾名思义，就是公司可以“自由”运用的资金（详见图2-3-3）。

自由现金流的公式“自由现金流=营业现金流－投资现金流”，就是告诉你，公司通过本身营运所赚回来的钱（即营业现金流），扣除了扩厂、购并等投资支出（即投资现金流）后，到底还有没有剩余。

若是有剩余，就代表公司自己赚的钱足够自己花，多余的钱还可以用来还债、再投资或购买库藏股等，甚至是转成现金股利发给股东，这是公司进可攻、退可守，可以自由运用的现金。与缺乏自由现金流的公司相比，自由现金流充足的公司更具有竞争优势。反之，若是自由现金流少，甚至为负数，就代表公司入不敷出，通过营运所赚的钱不够应付投资所需。而钱不够该怎么办？公司就必须要向外借钱，通过举债、增资或私募，才能有钱再投资，公司的负债就会愈背愈多，债务负担愈来愈重。

利用营业现金流、投资现金流和自由现金流综合判断，就能简单看出公司现在到底是什么状况（详见表2-3-1）。

表2-3-1 利用3种现金流量挑出绩优标的
——营业现金流、投资现金流、自由现金流综合判读

营业现金流	投资现金流	自由现金流	意义判读
正值	正值	正值	公司本业赚钱，且或许已进入成熟期，投资需求减少，满手现金，是稳健型存股标的
正值	负值	正值	公司赚的钱足以应付投资所需，是绩优成长型的好公司
正值	负值	负值	公司赚的钱不足以应付投资所需，若长年如此，须要警惕
负值	正值	正值	公司本业赚不了钱，正在吃老本，须要警惕
负值	负值	负值	公司本业赚不了钱，还一直花钱，这样的公司投资人尽量不要碰

避免短期资金运用差异，宜看近8年自由现金流

不过，要提醒的是，观察自由现金流应该要以“年度数据”为准，且“长期观察”。这是因为要避免短期季节性资金应用差异，且因为固定资本支出多半都是横跨多年的长期投资行为，若是只观察1～2年的数据，很容易作出错误判断。

财报专家财报狗团队就建议，在观察一家公司的自由现金流是否良好时，应该要观察近8年的自由现金流，其中应该至少要有4～5年为正值，且近8年的自由现金流总和应该要为正值。

公司自由现金流若一时为负值，不一定代表就是坏事，因为有时候是为因应投资期、扩张所需，所以在某段时期大量投入资本支出，使投资现金流大量流出，就有可能使得自由现金流成为负值。但是现在投资是为公司未来的长远发展打算，因此这时候要关注的，应该是公司的投资支出到底会不会有回报，能不能带来更多的现金流。

如果公司的投资决策是有效的，有助于公司成长，那么未来就必能为公司带进更多的现金，长期来说，现金流入总和也将高于现金流出。这也就是为何观察自由现金流，绝对不能只看短短1～2年的数据（详见图2-3-4）。

图 2-3-4 **2010年鸿海进行大量投资，带来后续高度成长**

——鸿海（2317）投资现金流与自由现金流

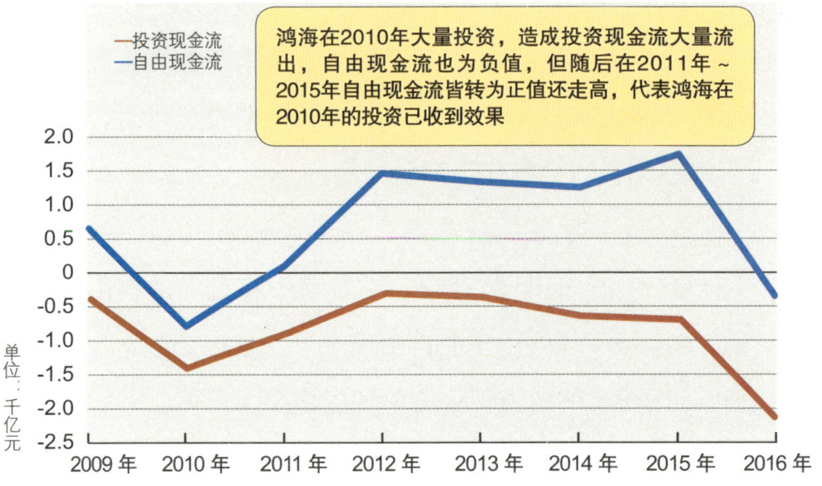

注：资料统计时间为2009～2016年　　资料来源：财报狗

反之，若是公司的自由现金流长期为负值，代表这家公司的投资对于公司的获利成长助益不够大，获利所带来的现金流仍无法满足投资所需的现金流。换言之，这就是一家在“烧钱”的公司，自由现金流长期流出，这家公司恐怕就愈烧愈空。

除了观察长期自由现金流判断公司的投资是不是合理、有成效之外，由于自由现金流是一个绝对值，随着公司规模大小不同，差

图 2-3-5 **自由现金流对税后净利比愈高，可运用资金愈多**

——自由现金流对税后净利比计算公式

$$\text{自由现金流对税后净利比} = \text{自由现金流} \div \text{税后净利} \times 100\%$$

距会非常大，直接拿来互相比较并不恰当，例如台积电的自由现金流至少有新台币百亿元以上，比许多公司的1年营收还要多。

此时，就可以利用“自由现金流对税后净利比”（详见图2-3-5），来计算公司能够把多少净利转换成可以自由运用的现金。

假设计算后得出自由现金流对税后净利比为10%，就代表公司每100元的净利当中，有10元是真正可以自由运用的现金。此比率愈高愈理想，因为这表明可以保留在公司内部并可自由运用来回馈股东和偿还银行债务或是进行投资等等的现金愈多。

2-4 分析筹资现金流 避开资金紧俏标的

“筹资现金流”中的“筹资”两个字，顾名思义，就是公司向外界筹措资金的行为，而筹资现金流也就是公司为了经营所需进行融资，从而产生的现金流入或流出。因此在很多资料库或是会计使用上，也会用“融资”代替“筹资”，也就是说，“融资现金流”和“筹资现金流”，指的都是同一个东西喔！

一般来说，在当期的财务报表中，筹资现金流为正，代表公司正在向股东或债权人伸手借钱；若是为负，代表公司正在把钱还给股东或债权人。

进一步检视公司过去几年的筹资现金流，若都是正值，代表这间公司经常在借钱、募资，伸手向大众要钱。这类的公司给外界印象不佳，即使短期之内不会面临资金吃紧、周转不灵，但多半不会是一个好的投资标的。这就好比一个常常向你借钱的人，你碰到他时也会逃之夭夭，并把他列为拒绝往来户一样。

相反地，如果一家公司的筹资现金流近几年经常是负值，代表这家公司来自营业活动的现金流入是充足的，不需要再向外界借钱，且有余力偿还以前的债务。这也说明了公司之前所借的钱确实发挥了效用，创造了好的营业现金流。这样的公司，从现金流的角度来看，就是较为健康且适合长期投资的标的。

因此筹资现金流的解读方向，和营业现金流刚好相反：因为营业活动而产生的现金流入，当然是愈多愈好，代表营业利益是持续流入的；但如果是去借款而产生的现金流入，则应观察公司是不是每年都在借钱。对那种持续多年一直借钱的公司，最好少碰为妙（详见图2-4-1）。

不过，若企业借钱的目的是用于开发投资项目，譬如电子公司正准备大举扩增生产线，以因应市场大量需求，则可以允许它在一段时间内有比较高的筹资现金流入。

图 2-4-1 **筹资现金流常为负值，财务体质较健全**
——检视筹资现金流方式

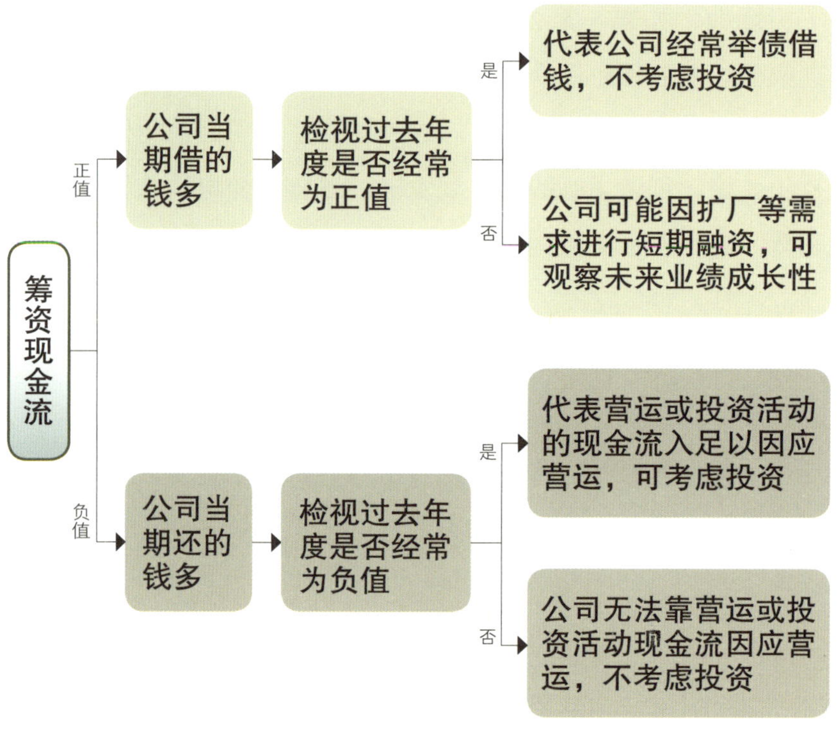

好公司的筹资现金流应为经常流出

在了解筹资现金流的意义及大致上应如何解读之后，再来看看这个数字是由哪几个会计科目组成。公司筹资活动的项目大致分成三种：

第一种就是直接向银行借款，可分为短期和长期两种。前者是指计划在1年内就还钱的借款，后者是指还款计划超过1年（不含1年）的借款。长期借款一般来说累积的利息负担较大，对公司成本会有较大的影响，更需要特别注意。

除了直接借钱，公司也可以选择向市场不特定的大众募资。但向外募资，必须拿出凭证给愿意出资者，比如股票，还有债券。所以，发行新的股票或债券，就是公司筹资活动的第二种和第三种（详见图2-4-2）。

因此，筹资现金流里头的科目，就由这三种筹资活动的支出和收入金额所组成。比较常见的包括：与银行往来有短期借款增加

图 2-4-2 除了借款，股票、债券也是筹资活动主要项目
——筹资活动三大类型

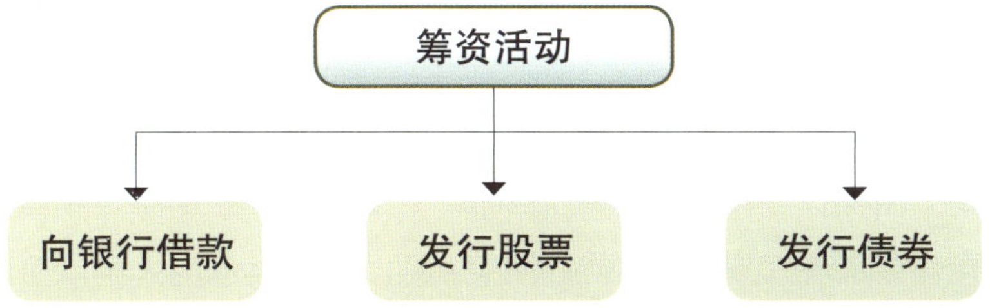

（或偿还）、长期借款增加（或偿还）、支付利息、偿还票据等；跟发行股票相关的有现金增资、现金减资、发放股利、发行特别股等；跟发行债券相关的科目则有发行公司债、偿还公司债、给付公司债利息等。

特别要说明的是，近几年台股上市柜公司流行办理现金减资、退回资本，如2017年第1季就有22家上市公司决定现金减资、退回资本，就是公司把用不到的现金退还给股东，这样一来，公司手上的资金变少了。若经营绩效维持不变，股东权益报酬率（ROE）及资产报酬率（ROA）通常可以增加，公司的投资评价提升，股价就有机会往上涨（详见图2-4-3）。而公司把钱退还给原股东，在会计的记账上，也属于公司在筹资活动中的一种现金流出。

总的来说，不需要常常向银行或股东融资，且持续发放股利给股东的公司，就是财务健全的好公司。所以，好公司在“筹资现金流”这一项里会是经常流出，也就是经常出现负值或红字。

台股绩优生——台积电（2330）在2009年～2016年这8年之中，只有2013年这1年因为扩大资本支出，使得筹资现金流为正值，其他年度全部都是负值，而且流出的原因，多是发放庞大的现金股利给股东所造成（详见表2-4-1）。

图 2-4-3 现金减资可望使股价上涨
——现金减资与股价关联图

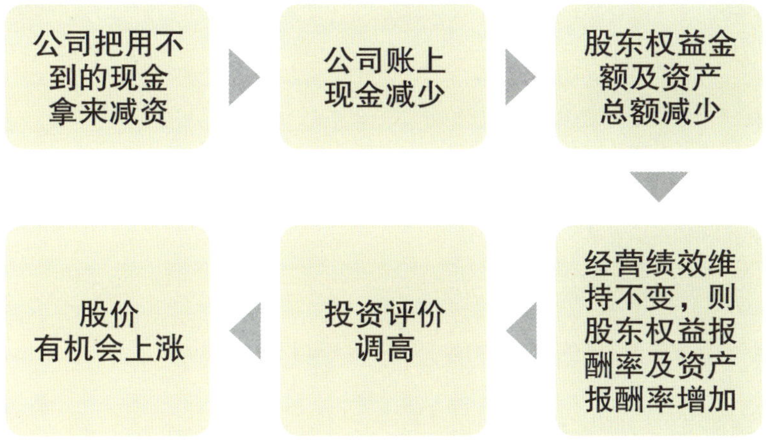

例如2015年、2016年这2年，支付现金股利成为台积电筹资现金流出的最大关键，台积电分别发放了1.166亿元及1.555亿元的现金股利，数字相当惊人。

董监酬劳与员工红利均属于筹资活动

不过，有些科目容易从字面上来辨别筹资活动来源，但有的从字面上看不出来，如以下5项科目，我们进一步解释：

表 2-4-1 **近8年来，台积电仅2013年的筹资现金流为正**
——台积电（2330）支付现金股利与筹资现金流

科目	2009年	2010年	2011年	2012年
支付现金股利/元	−768.76亿	−777.8亿	−777.3亿	−777.49亿
筹资现金流/元	−854.71亿	−486.38亿	−678.58亿	−138.11亿

资料来源：XQ 全球赢家

科目 1》存入保证金增加及存入保证金减少

当筹资活动发生时，如果有支付保证金的要求，公司必须付出保证金，也就是存入保证金增加，此时就有现金流出；但这笔保证金在契约到期时，对方会退还保证金，则公司存入保证金减少，就变成现金流入。

科目 2》支付董监酬劳及员工红利

依照会计准则的规定，这一项和发放股利一样，被归类到筹资活动的流出，但很多投资人对此会搞不清楚。

科目 3》员工执行认股权

员工认股权是公司为了吸引优秀人才，让员工以低于市场价格

	2013年	2014年	2015年	2016年
	−777.73亿	−777.86亿	−1166.83亿	−1555.82亿
	321.6亿	−323.28亿	−1167.34亿	−1578亿

认购公司股票，这在科技业最常见；而员工执行认股权，就是员工买下股票后付给公司钱，所以属于现金流入。因为公司交付股票给员工，所以在会计科目分类上属于筹资活动。

科目 4》买回或处分库藏股

公司花钱在市场买回股票的行为，通常发生在公司股价偏低时。公司买回股票后，可决定用来销除股本［让股本变少，换算的每股盈余（EPS）变高］，或是由员工认购。而买库藏股所花的钱，即属于筹资活动中与发行股票相关的现金支出。

科目 5》非控制权益变动

通常在合并报表中会看到这个科目，其中的“非控制权益”

指的是：投资持股满50%、未满100%的子公司，也就是不能100%控制的子公司；与这家子公司筹资活动有关的收付，通常是股利的支出，就归在这个科目里。

因此，可把这5项科目归类到3种不同类型的筹资活动，如表2-4-2所示。把这些会计科目加加减减，所得出的数字就是“筹资现金流”总额。

表2-4-2 **筹资现金流出愈多，代表公司偿债能力愈佳**
——筹资活动产生的现金流动会计科目

筹资活动	现金流入	现金流出
与银行往来	1.短期借款 2.长期借款 3.存入保证金减少	1.偿还短期借款 2.偿还长期借款 3.偿还票据 4.存入保证金增加
发行股票	1.现金增资 2.员工执行认股权 3.发行特别股所收的股款	1.现金减资、退回资本 2.发放股利（包括普通股及特别股） 3.支付董监酬劳及员工红利 4.买回或处分库藏股 5.非控制权益变动
发行债券	发行公司债	1.偿还公司债 2.支付公司债利息

NOTE

Chapter 3

资产负债表

展现企业总体资本规模

3-1 检查资产负债表 公司身家、体质全看懂

资产负债表是什么？有什么用途？简单来说，这个表就是要让你看懂这家公司的身家和财务体质。

资产负债表由资产、负债和股东权益组成，且是一个恒等式："资产"永远等于"负债+股东权益"。这个表的意义就是在告诉你，一家公司现在拥有的公司规模（资产），是用多少的本钱累积下来经营成果（股东权益），和多少借款（负债）所打造出来的（详见图3-1-1）。其反映的就是一家公司的财务结构，讲究的是资产与负债之间的比率，一家公司必须要财务结构稳固，面对市场冲击时才有办法应付突发状况，但若是财务结构不稳，经营风险势必提高。

当公司负债比过高，恐暗藏财务危机

应该如何评估财务结构呢？可利用"负债比"公式（详见

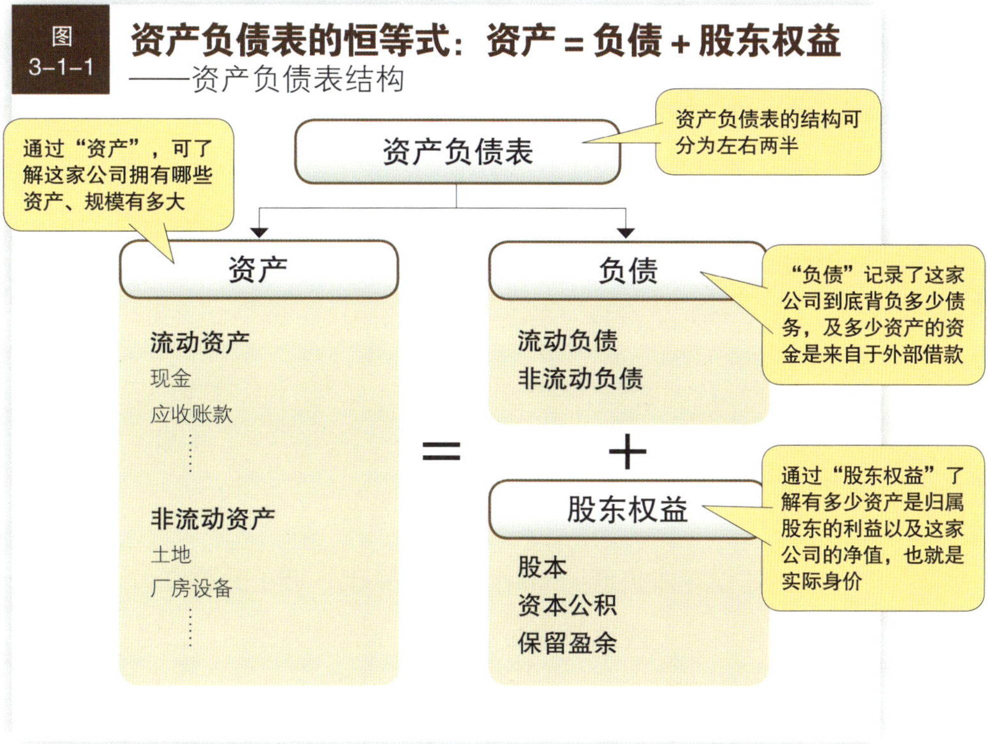

图3-1-2），来基本检视企业的长期偿债能力。

负债比公式的意义，是公司外来的资金占资产总额的比率。假设负债比数字为70%，代表公司有7成的资产其实都是向外界借贷而来，比率愈高就代表欠外界的钱愈多。若是负债比太高，一旦市场出现风险，被银行抽银根、内部资金又不足时，恐怕就会面临很大

图 3-1-2 **公司负债比愈高，代表欠的钱愈多**
——负债比计算公式

$$\text{负债比} = \text{负债} \div \text{资产} \times 100\%$$

的财务风险。

一般建议可以负债比50%作为衡量基础，低于此数值，代表公司债务压力相对低，股东愿意出钱支持；高于50%的话，就需要多留意这家公司的财务状况；一旦高出此数值太多（例如已经到80%、90%以上），就须小心公司发生危机。

至于资产负债表中，有哪些实际的科目呢？请看以下介绍：

资产》依变现能力，区分流动资产、非流动资产

资产负债表中的资产科目繁多，但对一般投资人来说，也没有必要一定要弄懂所有资产科目，只要能把握以下介绍的几个重点科

图 3-1-3 1年内可变现的资产，属于流动性资产
——资产分类

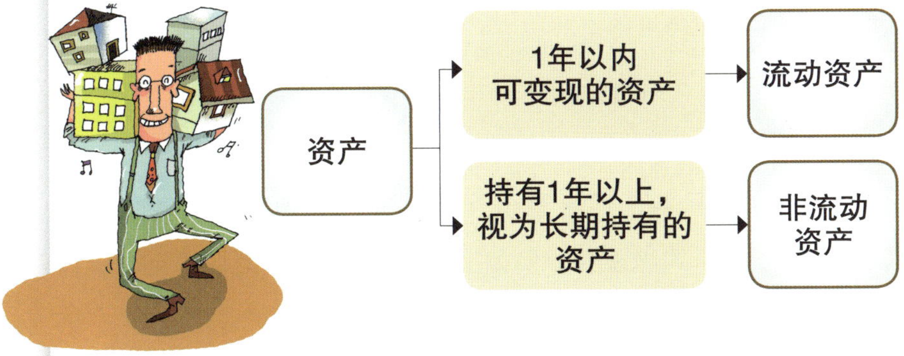

目就足够了。

资产负债表的资产分为“流动资产”与“非流动资产”两大类，并按照流动性（Liquidity）由上而下排序，放在愈上方的资产代表流动性愈高，愈下方的资产则代表流动性愈差、愈难变现。在一般定义上，“流动资产”指的是1年之内可以变现的资产，“非流动资产”则是持有1年以上、可视为长期持有的资产（详见图3-1-3）。

流动资产中最主要为以下4大项：现金及约当现金、应收账款、存货、金融资产。

1. 现金及约当现金

由于流动性最佳，会放在最上方的资产科目。“现金”，大家应该都能理解，但“约当现金”又是什么呢？约当现金，是指短期且具高度流动性的投资，具有变现容易且交易成本低的特性。

一般来说，只要任何金融资产能够在90天内变现，对公司来说，就可以认定是约当现金。例如3个月内要到期的商业本票、国库券、可转让定期存单等皆可视为约当现金，且“资产负债表”上的现金以及约当现金，会与“现金流量表”上的期末现金相同。

2. 应收账款

就是已经出货给客户，应该要收，但是还没有收到的货款。

3. 存货

指公司还没销出去的产品，以及放在仓库中的原物料。

应收账款、存货这两项资产科目，是在解读资产负债表时绝对不可错过的重点，暗藏公司是否美化综合损益表的线索。

因为这两项科目虽然是资产，但这样的资产却不见得是愈多愈好。例如，应收账款过多，代表的可能是公司收账能力有问题，或是客户赖账，钱反而有收不回来的危险。存货也一样，存货愈多可能表示卖不出去的可能性愈大，还有价值减损的压力。本书在后面章节将会有更详细的介绍。

4. 金融资产

有别于其他资产科目，金融资产可依公司管理阶层认定分列在流动资产与非流动资产中。这是什么意思呢？只要是短期内预定要出售的证券、短线操作的投资、随时准备通过市场变现的资产，就可以被公司归类列入“流动性金融资产”。

相对来说，只要公司认为某些金融资产短期内没有卖出的可能，预计要长期持有，就可以列入“非流动性金融资产”。

这也就是说，金融资产要列入流动性或是非流动性，都是公司可以自行决定的（详见3-4）。因此，可能会出现明明是同一个金融资产的投资标的，却有部分被列为流动、部分被列为非流动的现象（详见图3-1-4）。

而非流动资产则包含了长期投资的金融资产，例如持有的子公司股票、不动产、厂房和设备、专利、版权等变现度最低的无形资产。

图 3-1-4 公司预计长期持有的金融资产，列入非流动资产
——以A公司持有100张B公司股票为例

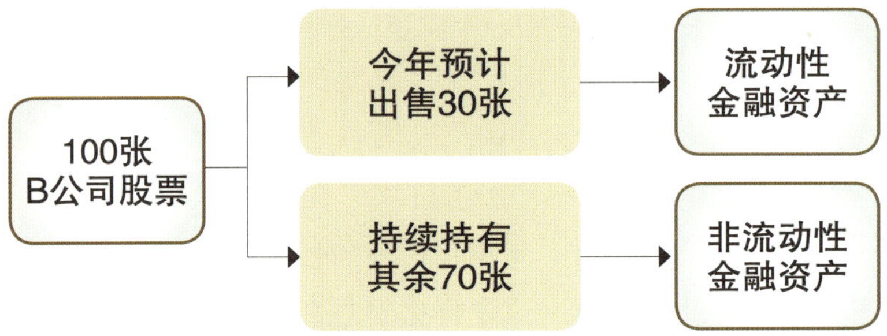

其中，不动产、厂房和设备就是提供营业生产使用的非流动性资产，这些资产都会面临价值减损、折旧的问题，资产价值会随着持有时间拉长而降低。

负债》按债务到期日，区分流动负债、非流动负债

负债和资产一样，同样以“流动负债”“非流动负债”区分（详见图3-1-5），并按照债务到期日由近到远、由上而下排序。

图 3-1-5

偿还期限逾1年的负债，为非流动负债

——负债分类

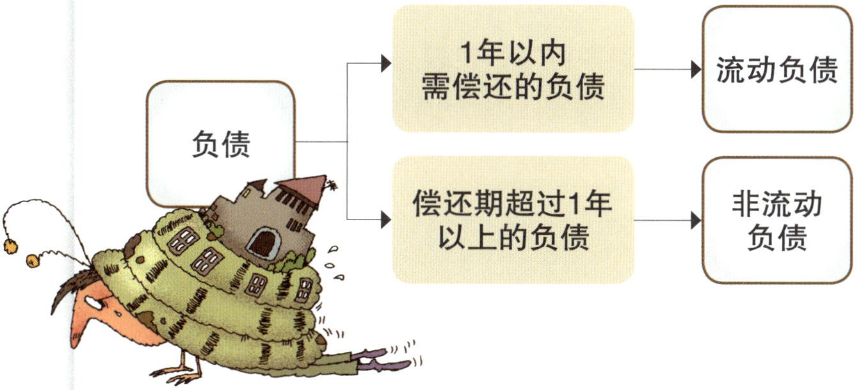

“流动负债”指的就是，在1年之内就要到期的债务，包含短期债务、应付账款、应付现金股利，以及在1年之内即将要到期的长期债务。

“非流动负债”则是指在1年后才会到期的债务，主要为应付公司债和向银行借的还款期超过1年的长期借款。

股东权益》总资产扣除负债后的余额

股东权益，就是所有股东出资的资金与公司保留未发放给股东的盈利，或称为“公司净值”，代表公司所有资产扣除负债后所剩余的（详见3-6）。主要科目有“股本”“资本公积”和“保留盈余”。

1. 股本

就是股东最初投入一家公司的成本，可以是技术、资金、专利或资产。股本可利用股票面额和股份总额求出（详见图3-1-6）。

图 3-1-6 **股东投入一间公司的成本即为“股本”**
——股本计算公式

股本 ＝ 股票面额 × 股份总额

2. 资本公积

当公司有些收入不属于营业所得，也不是营业外收入时，就会列入资本公积，例如溢价发行新股、受赠资产等。

3. 保留盈余

简言之，就是公司把赚的钱先保留下来，供未来使用，可以用来发给股东股利、再投资等。

资产负债表为某时点的财务状况，属存量概念

另外需要注意的是，与综合损益表、现金流量表编写时的“流量”概念不同，资产负债表是“存量”概念。什么是流量？什么是存量？简单来说，流量是指“一段期间”的资产变化，而存量则是指到了“某个时点”为止的资产总量。

可以利用“存折”的概念来理解，如果你在今天去刷存折，存折上显示你户头上有40万元，代表你今时今日拥有40万元，这就是“存量”。而你的月薪是4万元，过去3个月总共收入12万元，这就是“流量”。

综合损益表和现金流量表就是“流量”的概念，描述的是这一段时间内公司的变化，可以告诉你过去3个月内或1年之内公司是赚钱还是赔钱、流进多少资金还是流出多少资金。而资产负债表则是某一天的结存数字（多为6月30日或12月31日），以年报来说的话，就是告诉你上一年12月31日当天，公司拥有多少资产、负债和股东权益（详见图3-1-7）。

图 3-1-7 **资产负债表可看出特定时点的资产状况**
——以年报为例

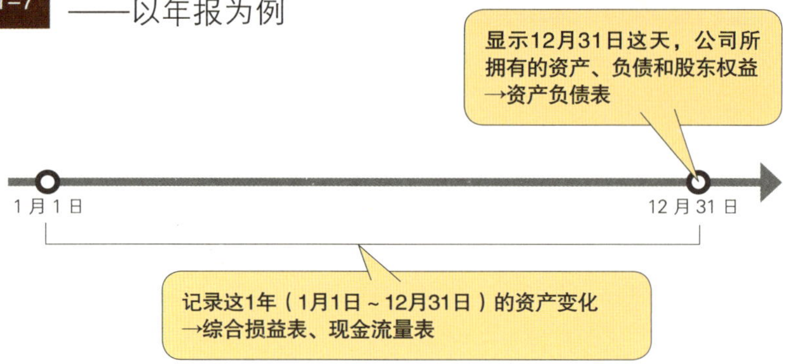

3-2 从应收账款周转率判断公司营运灵活度

在前一节，我们了解了资产负债表中，属于“资产”的科目在资产负债表的左边、属于负债的科目在资产负债表的右边。接下来，我们就来看资产里面最重要的第1项数字——应收账款。

其实从字面上的意思可以大概了解，应收账款就是公司把产品卖出去后，应该向客户收回、却还没有收回的账款。大家都知道，做生意可以一手交钱、一手交货，马上收现金是最安全的。偏偏做生意不是那么容易，最怕遇到的，就是拿了货却迟迟不愿意付钱的“老赖”。

应收账款增减幅度应配合营收增减一起观察

但是，如果这个客户手上掌控着庞大的订单，完全得罪不起，而客户公司偏偏又有内规，规定只在特定日期付款，比如说每个月

图 3-2-1 **货品售出后，尚未收到的货款即为应收账款**
——应收账款示意图

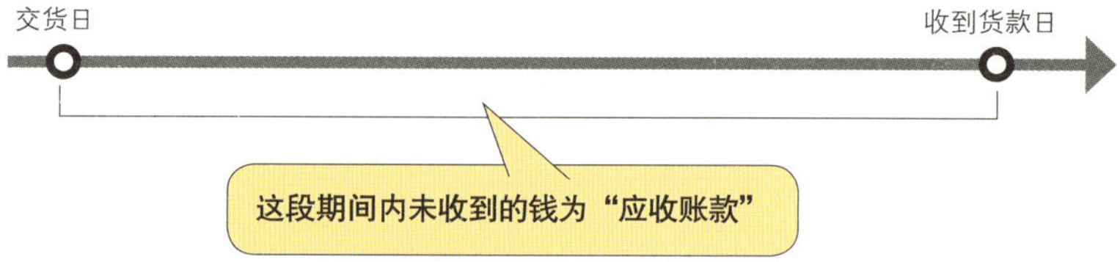

初、每一季的开始，才给付上个月或上一季的货款，你可能距离交货后90天才能收到现金。尽管这种付款模式对你的资金周转和营运来说，是很不利或不公平的，但为了拿到这笔生意，还是得按照客户的规则来处理。在这个等待收钱的过程中，客户应该给付给你、但你目前还没办法收回的钱，就叫做应收账款（详见图3-2-1）。

而应收账款增加或减少的幅度，应该配合当期营收增加或减少的幅度来一起观察。如果A公司某一期财报中，应收账款金额突然大增，但A公司当期营收并没有与其相当的增加幅度，那么你应该要小心A公司的资产品质可能已经转坏了。有人甚至把应收账款大幅增加视为地雷股出现前兆。

同样地，如果在B公司某一期财报中，应收账款金额突然减少，

图 3-2-2 **应收账款金额大增，公司资产品质可能转差**

——应收账款金额大增vs.应收账款金额大减

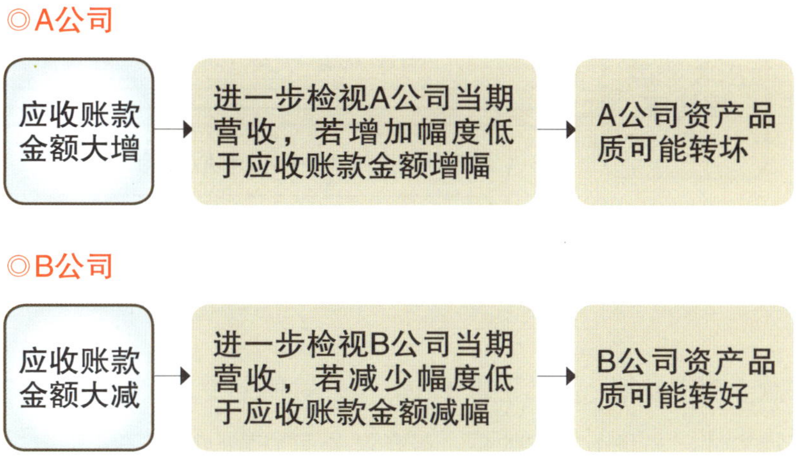

但B公司这期营收并没有与其相当的减少幅度，亦即B公司营收没有明显的减少，那么B公司资产品质有可能变好了（详见图3-2-2）。所以应收账款是资产组成的重要项目，也可以视为资产品质变化的关键数字之一。

应收账款周转率愈高的公司，收回货款愈快

不过，一家公司应收账款金额的增减只能与这家公司过去的应收

图3-2-3 应收账款周转率即应收账款当期回收的"次数"
——应收账款周转率（次）计算公式

$$\text{应收账款周转率（次）} = \frac{\text{当期销货净额（营收净额）}}{\text{（期初应收账款＋期末应收账款）} \div 2}$$

账款金额水准相比。如果想要和其他公司相比较，必须用一个统一的表达方式，市场上常用的是：用各家公司的营收当分子，再用应收账款当分母，计算出一个"应收账款周转率"数字（详见图3-2-3）。

应收账款周转率是当期销货净额除以当期应收账款的比率，其中"销货净额=销货总额－（销货退回及让价＋销货折扣）"，可以在损益表里直接找"营收净额"的数字就行了；而分母的当期应收账款，则用期初和期末应收账款相加除以2而得，计算时若把"应收票据"也加入，结果会更精准。

我们用这个数字来代表应收账款一年（或当期，可能是一季或半年）回收的"次数"，所以正确地说，这样计算出来的叫做"应收

图 3-2-4 **应收账款周转率愈低，滞留资金成呆账机率愈大**

——应收账款周转率高、低的差别

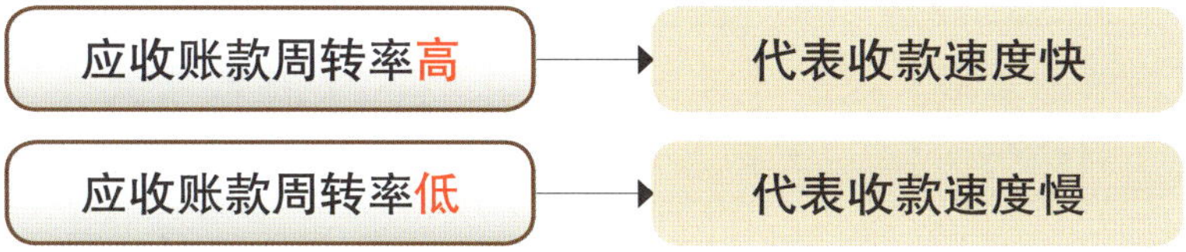

账款周转次（数）”，只是大家习惯用“应收账款周转率”来表达。

假设A公司在2016年的应收账款周转率为5，则代表A公司在2016年这一年里收回5次客户欠款。应收账款周转率愈高，代表收款速度愈快，应收账款周转率愈低，代表收款速度愈慢（详见图3-2-4）。所以这个比值愈高愈好，因为资金滞留在外愈久，成为呆账的机会就愈大。

光看应收账款周转率，有的投资人可能还是“无感”，因此一般会再用当期的天数，比如说用一年（也就是365天），去除以当年的应收账款周转率，就得出“应收账款周转天数”，又称“应收账款收现日数”。这个数字可以很直接看到一家公司应收账款回收所

图 3-2-5 **看应收账款收回所需天数更易判断公司体质**
——应收账款周转天数计算公式

应收账款周转天数 = 365 ÷ 应收账款周转率

需的日数（详见图3-2-5）。

比如说A公司2016年的应收账款周转率是5，那么365÷5=73，也就是A公司平均每73天可以把应收账款收回来一次。

正确解读应收账款周转率，观察应留意3方面

学会了如何计算应收账款周转率和应收账款周转天数之后，我们要来进一步解读与应用，可观察以下3个方面：

第一方面》不同产业不适合比较应收账款周转率

比如说，超市业的收现速度快，你在结账柜台前没有拿出现金、或拿出信用卡来刷一下，店员是不会给你结账的，所以客户不

表 3-2-1 **不同产业应收账款周转天数差距大，相比无意义**
——以统一超（2912）、全家（5903）、华硕（2357）为例

公司	应收账款周转天数 / 天				
	2016年	2015年	2014年	2013年	2012年
统一超（2912）	7.25	7.75	7.61	7.68	1.44
全　家（5903）	-	7.86	8.09	7.68	7.95
华　硕（2357）	-	64.68	58.38	57.75	61.02

资料来源：钜亨网

易欠款，应收账款周转率高、应收账款周转天数少。

电脑制造业就大不相同，比如说华硕（2357）一台笔记本出货到通路商上架后，就会列计一笔通路商的应收账款。但要等到消费者购买后，通路商收到钱之后才会付给华硕，华硕才能算是真正收到钱。所以你把统一超（2912）和华硕的应收账款周转天数拿来比较，会发现有好几倍的差距，这样的比较是毫无意义的（详见表3-2-1）。

第二方面》同业相比可看出经营能力的强弱

把属于同一个产业的应收账款周转天数拿来相比，可以看出两家公司的经营绩效高低和竞争力强弱。一家公司收款速度若是

比同业快，暗示它可能产品较好、销售能力较佳，从而使得客户不容易欠款，应收账款周转率就会比较高、应收账款的周转天数就会比较短。

以车灯产业为例，帝宝（6605）与堤维西（1522）都是以售后服务市场为主。从表3-2-2可发现帝宝长期以来应收账款周转天数都维持在70～80天之间，较佳的竞争力也反映在获利上，近几年来每股盈余（EPS）多半维持在6～10元间；而堤维西在2013年以前应收账款周转天数都超过100天，每股盈余连带也不理想。不过堤维西在2014年之后大幅缩短收款天数，获利也明显提升。当然，还有很

表3-2-2 **堤维西改善应收账款周转天数后，EPS明显增加**
——以帝宝（6605）、堤维西（1522）为例

项目		2015年	2014年	2013年	2012年
帝宝（6605）	应收账款周转天数/天	71.58	71.41	75.36	87.45
	每股盈余/元	9.45	10.07	8.06	6.24
堤维西（1522）	应收账款周转天数/天	60.36	76.94	103.56	119.19
	每股盈余/元	2.43	1.64	0.20	-0.57

资料来源：钜亨网

多其他变数影响获利，不是说收款天数比同业短，获利就一定能够超越它们。

第三方面》有巨大变化要当心可能是假账炒作

前面说过，一家公司的产品竞争力变强，也可以从它应收账款周转天数减少看出。不过也要当心，如果一家公司的应收账款金额暴增、收款天数大幅拖长，代表它的收款速度减慢，轻则营运资金容易被卡死，公司缺乏买原料的现金，生产效率会变差；严重的话，这些钱若收不回来、变成呆账，公司要提列呆账损失，最后会影响公司的盈余。

最糟糕的情况是，公司与客户联合做假账欺骗投资人，对外公布营收大幅成长的假象，把股价炒高，投资人没注意到应收账款也跟着暴增，最后公司再用提列呆账的方式，侵蚀获利，投资人手上股票瞬间暴跌，但公司早已卖光持股。倒霉的只有投资人，所以面对应收账款大增的公司，绝对要谨慎小心！

3-3 计算存货数字 透析公司销货状况

“存货”是属于公司资产的一个项目，所以在资产负债表的左边。存货是公司在制造产品的过程中，向上游厂商购置的原材料，在生产过程中的半成品，或是已经做好的成品。这些产品在还没有卖出去之前，都叫做存货。

正常的存货是可以变现的资产，但美国知名电脑公司戴尔（Dell）总裁麦克尔·戴尔（Michael Dell）却说：“存货不是资产，而是一种负债。”也有人认为存货是最容易藏污纳垢的地方。因此，过去很多公司倒闭前都有存货大增的现象，“存货”数字的大幅变化，就成为观察企业财报时的重要指标。为什么会这样？我们先来看看存货的组成项目有哪些。总的来讲，存货应该包括5类（详见图3-3-1）：

1.原材料：为生产购置的原料及材料等。

图 3-3-1 **从原料到制成品，均属于公司存货**
——存货组成项目

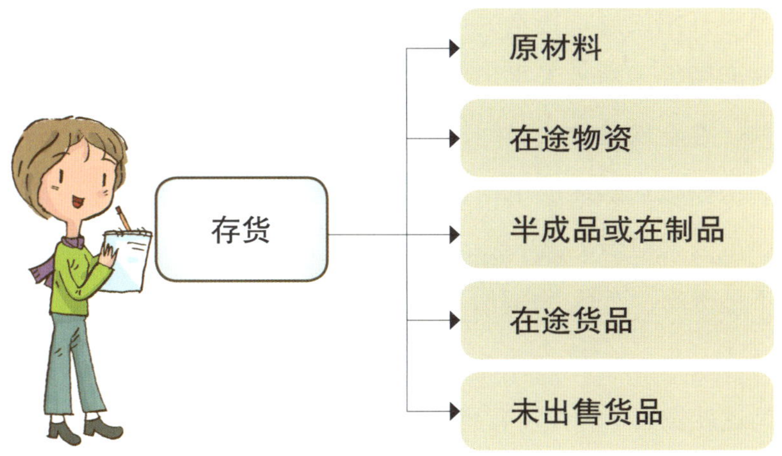

2.在途物资：已付款而尚未验收入库的各种物资。

3.半成品或在制品（Work-in-Process，WIP）：已投入生产，但尚未制造完成的货品。

4.在途货品：已运送出去，但尚未到达客户手上的货品。

5.未出售货品：已制造完成而尚未出售、堆放在仓库里的制成品或商品。

本节一开始说过，正常的存货应该是可以变现的资产。但是，有时候东西做好了却没人买，尤其是3C产品日新月异，商品被淘汰的速度快，在仓库堆放的时间一久，不但购买原材料的成本无法回收，成品价格减损的速度也很快，公司可能还要因此提列存货的跌价损失，成为损益表的减项。无怪戴尔电脑总裁麦克尔·戴尔会认为存货不是资产，而是负债。

因为这就像买了一件没有用到的东西摆在家里，既花了钱，又占去生活空间，若能赶紧出清换得现金，既能把钱拿到别的地方运用，又清出了空间。所以，出清存货对一家公司的重要性由此可知。

三步骤算出存货周转率与存货周转天数

如果你比对一家公司前后期的财报，发现它的存货量在1季内或半年内明显大增，或是你想投资的公司的存货绝对金额很大，与年营收相比，可能出货两年都出不完，那你最好要小心，不要碰这家公司的股票才好。

其实看过去台股的历史，会出状况的公司，大部分可以从该公

图 3-3-2 **用存货周转天数观察公司销货状况是否有异**
——营业模式4步骤

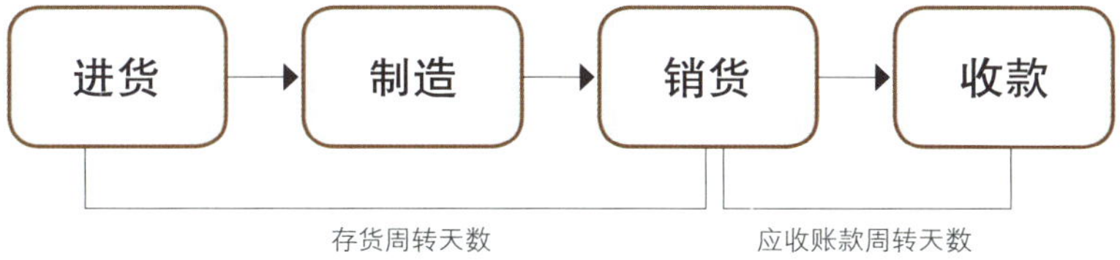

司的存货与应收账款的异常来发现，但要如何从存货这项数字来检视呢？可以进一步看“存货周转天数”和“存货周转率”这两项指标。

什么是存货周转天数？公司营业模式可以简单分成4个步骤，分别是进货、制造、销货和收款（详见图3-3-2）。而这4个步骤又可拆成前后2部分，前半部是存货循环，也就是存货进到公司，经过制造后并销售出去的过程，这段时间称为“存货周转天数”；后半部就是应收账款周转天数（详见3-2）。

存货周转天数愈高，代表存货待在公司的时间愈长，那么出问题的可能性就愈大。这就是投资专家一再提醒投资人要监测某家公司存货状况的原因。

但是，投资人没办法从财报上直接看到存货周转天数，必须自己动手先计算出存货周转率，再导出存货周转天数（详见图3-3-3）。计算方法可分为3个步骤：

步骤 1》找到公司的销货成本

销货成本就是公司当期出售商品的成本，也就是损益表中的“营业成本”。

图 3-3-3 存货周转天数愈低，表示公司销货速度愈快

——存货周转率与存货周转天数计算公式

$$\text{存货周转率}=\frac{\text{销货成本（营业成本）}}{\text{平均存货金额}}=\frac{\text{销货成本（营业成本）}}{\text{（期初存货金额＋期末存货金额）}\div 2}$$

$$\text{存货周转天数}=\frac{365\text{天}}{\text{存货周转率}}$$

步骤 2》算出存货周转率

公式为“存货周转率=公司当期的销货成本÷平均存货金额”，意思就是公司1年内可以卖几次这样的存货量，就得出所谓的“存货周转率”。假设A公司1年可以卖价值5,000万元的电脑，但库存有1,000万元电脑，那么存货周转率就是5次。其实正确地说，这个数字是存货周转“次（数）”，代表一年周转几次，但现在已约定俗成，习惯说成存货周转“率”了。

步骤 3》算出存货周转天数

公式为“存货周转天数=365天÷存货周转率”，意思就是公司仓库里的存货量，平均要花多少天才可以卖完。计算后所得出的数字就是存货周转天数。再回到步骤2的A公司例子，它的存货周转天数是73（365天÷5次），也就是A公司平均把存货销售出去所需的时间是73天。

从存货周转天数可了解公司从进货、制造到销货所需的时间，可以看出制造业的管控能力，包括存货管控、生产线管控、业务管控等。公司的管控能力愈好，就可以把存货周转天数压得愈低，所以这个数字是判断一家公司经营绩效的重要指标之一。

注意3要点，避免误解存货与销货表现

当然，一家公司的存货周转率愈高愈好、存货周转天数应该愈短愈好，但要达到什么标准才能叫好呢？这要依照每个产业特性而定，相同产业的公司，因为产品生产流程较为相近，一起比才有意义。所以进一步来说，解读存货周转率及存货周转天数时，有以下3点要特别注意：

注意 1》存货周转率应跟同业相比

由于各产业性质不同，销货速度不能放在一起比较。例如卖电脑的速度本来就比卖食品慢，所以生产电脑的华硕（2357）如果和卖食品的统一（1216）比较，会发现华硕的存货周转率远低于统一；但如果把华硕拿来跟宏碁（2353）一起比，两者相差不会太远（详见表3-3-1）。

注意 2》对未来价格的预期会影响存货周转率

虽然存货周转率降低不是好现象，但也有例外。比如说，公司预期未来原物料价格上涨，就会先买进原物料制成存货，导致存货周转率突然在某一季降低。此外，像以报价为主的钢铁业，因原料放在仓库里不会坏掉，所以也会随着对报价的预期而调控原料存

表 3-3-1

不同产业的存货周转率差异大，不宜一起比较

——以华硕（2357）、宏碁（2353）、统一（1216）为例

公司（股号）	2015.Q4	2016.Q1	2016.Q2	2016.Q3
华硕（2357）	6.86	1.05	2.15	3.49
宏碁（2353）	11.65	1.55	3.36	4.97
统一（1216）	22.08	3.20	6.91	10.04

注：单位为次　　资料来源：钜亨网

货，因此在分析的时候还是要以长期趋势为主（详见图3-3-4）。

图 3-3-4

公司对未来的价格预期，会影响短期存货周转率

——对未来价格预期与存货周转率关联性

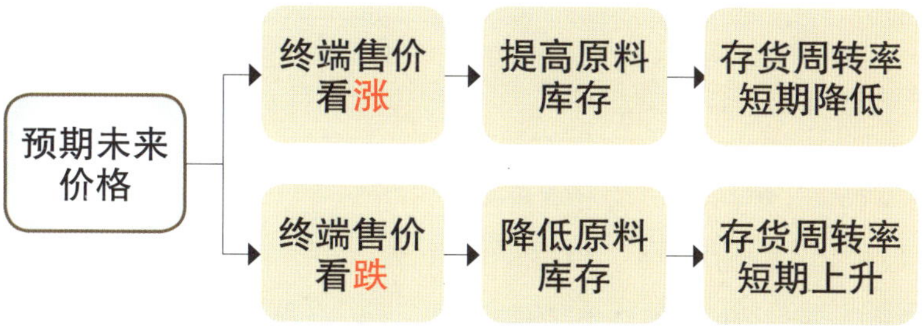

注意 3》特殊产业的存货量会特别高或低

有些特殊的产业，因为会计上的限制，会出现存货金额高、存货周转率低、存货周转天数长的情况。以房地产业为例，一般企业的土地大部分算在“资产”项目，但房地产业的土地为“存货”，新建成的楼房也算入存货；加上盖房子所需时间长，所以房地产业的存货周转率低、存货周转天数长。

此外，像银行、保险或是金控产业，是属于比较特殊的产业，因为没有实际的产品产出，所以没有存货的问题，也不会有人特别去计算或观察它们的存货周转率。

库存量愈多，存货周转率愈低

问：
A公司1年可以卖价值5,000万元的电脑，但库存有1,000万元电脑，试问存货周转率与存货周转天数是多少？

答：
存货周转率＝营业成本÷平均存货金额

＝5,000万元÷1,000万元＝5（次）

存货周转天数＝365天÷存货周转率

＝365天÷5＝73（天）

图解教学　利用免费网站查询单一公司存货周转率

如果觉得自己从财报里找数字、计算很麻烦，也可以利用免费的股市资讯网站，来查询单一公司的存货周转率喔！此处以钜亨网（www.cnyes.com/twstock）为例。

STEP 1

进入钜亨网首页后，点选❶“台股”，并在右方的❷“请输入关键词”中输入想查询的公司名称或股号后，接着在系统跳出的选单中，❸选择想查询的项目。此处以“台积电（2330）”为例。

接续下页

STEP 2

如果想得知最近5年的存货周转率，进入个股总览页面后，点选❶“财务面”项目下的❷“财务比率”后，点选❸“年度财务比率”，接着下拉网页，即可看到❹“经营能力”项目中的❺“存货周转率”。

2330 查詢 新版個股走勢

季度財務比率 ❸ 年度財務比率

台積電年度財務比率

2016年

項目	名稱	2016年	2015年	2014年	2013年	2012年
	負債占資產比率	26.31	26.24	30.06	32.88	23.57
	長期負債比率	9.44	13.43	16.62	17.85	8.46
	權益比率	73.69	73.76	69.94	67.12	76.43
財務結構	財務槓桿比率	135.70	135.57	142.98	148.99	130.84
	負債權益比	35.71	35.57	42.98	48.98	30.83
	權益負債比	280.02	281.14	232.65	204.15	324.34
	長期資金占固定資產比率	146.74	158.69	148.99	118.65	136.93
	流動比率	256.95	351.86	311.70	188.90	149.73
償債能力	速動比率	241.66	320.26	278.70	169.14	149.73
	利息保障倍數					195.29
	應收款項週轉率	6.76	8.47	6.52	7.75	11.13
	應收款項收現日數	54.01	43.10	56.00	47.11	32.79
	應付帳款週轉率	30.57	38.90	28.46	35.01	18.23
	應付帳款支付日數	11.94	9.38	12.83	10.43	20.03
❹ 經營能力	存貨週轉率 ❺	16.01	11.53	10.00	14.81	9.13
	平均銷貨日數	22.80	31.66	36.51	24.64	39.97
	存貨變現天數	76.81	74.76	92.51	71.75	72.75
	營業循環期間	64.87	65.38	79.68	61.32	52.73

资料来源：钜亨网

3-4 3类金融资产牵动获利、净值表现

在了解流动资产项目里的两个重要科目——应收账款和存货后，接下来要谈的，是另一种可能横跨在流动资产及非流动资产的重大类别——金融资产。

公司和一般人一样，可以买进一些金融资产，像是股票、债券和共同基金，依现有的会计原则要求，在购入时，公司就要区分持有的目的，分别以①交易、②持有至到期、③备供出售等3个类别来入账（详见图3-4-1）。

第1种以“交易”为目的之金融资产，比较容易了解，就是1年内随时都可能卖出，以赚取价差为目的之金融资产；第2种“持有至到期”，是持有债券或是有明显到期日的有价证券，公司在买进时就不打算在未到期前卖出，会一直放至到期；第3种“备供出售”就不是那么容易从字面上了解了，虽从文字上看似是“放着准备要出

图 3-4-1 **公司所购入的金融资产，需按持有目的入账**
——购入金融资产3目的

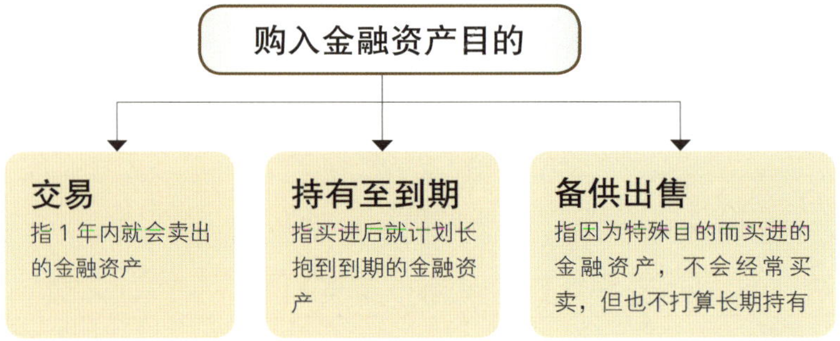

售的金融资产”，但其实在会计原则里，它的定义是指“非经常买卖，也不拟长期持有的金融资产”。也就是说，公司买进后，不打算在短期内卖出，但也不会一直持有至到期。它通常是因为某些特殊性的目的而被买进持有，例如说策略结盟等，可能要等到目的解除时才会卖出。

这3个类别依标的持有时间的长短，还分成“流动”和“非流动”的项目（详见表3-4-1）。在1年内会出售或到期的属于流动资产，在1年后才会出售或到期的属于非流动资产中的长期投资项目。所以像以交易为目的的金融资产，通常会出现在公司财报的“短期投

表 3-4-1 **1年内的短期投资属流动资产——3种金融资产的流动性**

持有目的	流动性类型	所属科目名称
以交易为目的	皆为1年内的短期投资→流动资产	"短期投资"
持有至到期	情况1》若持有3个月以上至1年内到期→流动资产 情况2》若持有1年以上到期→非流动资产	多属非流动资产，出现在"长期投资"科目
备供出售	情况1》若持有3个月以上至1年内会出售→流动资产 情况2》若持有1年以上再出售→非流动资产	多属非流动资产，出现在"长期投资"科目

资"科目里，而其他2类则多半在"长期投资"科目里看到。

赔钱时》持有到期、备供出售资产，不影响损益

这3种类型的资产出现损失时，会计处理原则也会不一样（详见图3-4-2）。依序说明如下：

1. 以交易为目的金融资产：列损益表减项

按照会计原则，到期末时，若是这些短期投资资产的市价已低

图 3-4-2 **以交易为目的的金融资产下跌，EPS亦会减少**
——3种不同持有目的的金融资产，出现减损时的影响

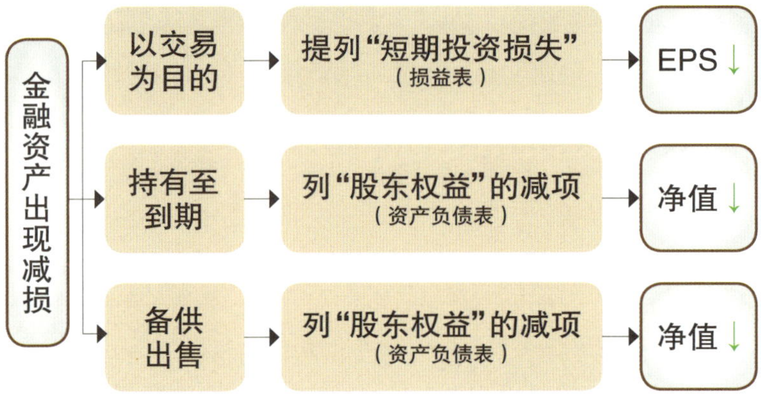

于原始持有成本时，公司必须提列“短期投资损失”，作为损益表的减项，就是公司短期投资赔了钱，要认列，因此EPS就会减少。

2. 持有至到期金融资产：列股东权益减项

在一直长抱的前提下，除非这个债券被倒账了，否则不管中间市价怎么波动，都不需认列损益。但到了每一期期末公司编制财报时，若以市场价值来衡量，持有的金融资产价格已下跌，会成为资产负债表中股东权益的减项，也就是股东权益会减少，影响到净值下降，但不会影响当期的EPS。

3. 备供出售金融资产：列股东权益减项

它可能是一些策略性持有的金融资产，比如说母公司买进子公司股票，或是异业结盟的持股投资等。它和持有至到期的金融资产一样，如果有价格下跌，是资产负债表中股东权益的减项，使净值减少，而不会直接反映在当期的损益表中。

善用两方法，仔细检视备供出售金融资产内容

由此可知，备供出售的金融资产如果跌价，不会影响EPS，而这点投资人就得当心了。有些“聪明”的公司，如果买进的金融资产是不想短期卖出的，通常就会放到这个科目里面，反正投资标的价格下跌，也不会影响EPS，等到有赚钱时再卖掉就好；怕的是，万一投资标的永远都不赚钱，甚至愈亏愈多。所以投资人要仔细检视备供出售金融资产的内容，有两个方法：

1. 检视资产内容

从资产负债表中的“资产”项下，就能看到“备供出售金融资产”科目后面，会有附注的号次，再往后索引财报的附注，即能找到这家公司所持备供出售金融资产的全部标的，应仔细检视这些金融资产。

2. 从综合损益表找到未实现损失

依主管机关规定，公司要在“综合损益表”里披露备供出售金融资产的潜在损失，科目为“备供出售金融资产未实现净损失”。

举例来说，2015年8月因中国大陆股市震荡，台湾地区寿险业出现庞大的未实现损失，富邦金（2881）也不例外。因此，从富邦金的损益表可以看到，2015年第3季税后净利为逾161亿元，EPS 1.57元，前3季税后净利逾583亿元，EPS 5.68元，这些似乎没有什么问题。但观察富邦金股价表现，却发现从2015年5月开始起跌，在11月第3季财报公布后再重跌一波，一直到2016年1月才止跌，股价总共蒸发了逾4成（详见图3-4-3）。

富邦金股价为什么会一直跌？原来是因为富邦金持有大笔金融资产是列在备供出售的科目下，当股灾发生后，这些资产的价格出现了巨额的减损。

刚才我们已教过大家，可以到综合损益表中，找“备供出售金融资产未实现净损失”这个数字，从富邦金2015年前3季综合损益表中，可看到备供出售金融资产未实现净损失达到961亿元之多，比2015年上半年的401.8亿元，增加了559.7亿元（详见图3-4--3）。

图 3-4-3 备供出售的未实现损失，造成富邦金股价下跌

◎富邦金（2881）2015年前3季综合损益表

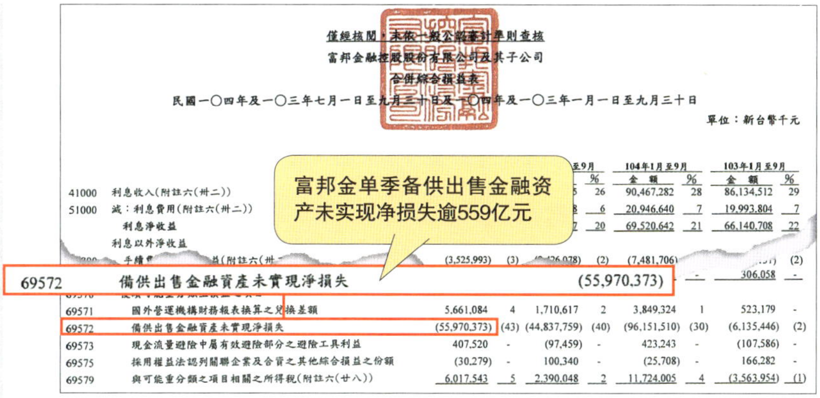

僅經核閱，未依一般公認審計準則查核

富邦金融控股股份有限公司及其子公司

合併綜合損益表

民國一〇四年及一〇三年七月一日至九月三十日及一〇四年及一〇三年一月一日至九月三十日

單位：新台幣千元

代碼	項目	金額	%	金額	%	104年1月至9月 金額	%	103年1月至9月 金額	%
41000	利息收入(附註六(卅二))	[illegible]	[illegible]	[illegible]	26	90,467,282	28	86,134,512	29
51000	減：利息費用(附註六(卅二))	[illegible]	[illegible]	[illegible]	6	20,946,640	7	19,993,804	7
	利息淨收益	[illegible]	[illegible]	[illegible]	20	69,520,642	21	66,140,708	22
	利息以外淨收益								
[illegible]	手續費[illegible]益(附註六(卅[illegible]	(3,525,993)	(3)	[illegible]	(2)	(7,481,706)	[illegible]	[illegible]	(2)
[illegible]	[illegible]				-		-	306,058	-
69571	國外營運機構財務報表換算之兌換差額	5,661,084	4	1,710,617	2	3,849,324	1	523,179	-
69572	備供出售金融資產未實現淨損失	(55,970,373)	(43)	(44,837,759)	(40)	(96,151,510)	(30)	(6,135,446)	(2)
69573	現金流量避險中屬有效避險部分之避險工具利益	407,520	-	(97,459)	-	423,243	-	(107,586)	-
69575	採用權益法認列關聯企業及合資之其他綜合損益之份額	(30,279)	-	100,340	-	(25,708)	-	166,282	-
69579	與可能重分類之項目相關之所得稅(附註六(廿八))	6,017,543	5	2,390,048	2	11,724,005	4	(3,563,954)	(1)

资料来源：公开资讯观测站

◎富邦金（2881）周线图

资料来源：XQ 全球赢家

因为富邦金有很多外资股东，其中有些专业的外资股东，可能在事前就预计到金融资产价格减损对公司股东权益的伤害而提前卖股票，有些则是看到第3季财报，认为事态严重而卖股。所以投资人千万别傻傻地以为备售金融资产不会影响损益，减损时股价就不会跌。

赚钱时》采成本法或权益法认列投资收益

了解到金融资产价格减损时在会计上的认列方法后，相反如果公司买进的金融资产是赚钱的，会计上规定的认列方法也不同。我们接下来谈在长期投资项目中经常看到的“以成本衡量”及“采权益法投资”的金融资产。

“以成本衡量”及“采权益法投资”的金融资产通常指的是股票。公司买进另一家公司股票的多寡，决定是否会对被投资公司的营运产生重大影响力或是实质控制力。一般认定，持股比率在20%以上就是有重大影响力，50%以上就是有实质控制力。所以持有被投资公司股权在20%以上的，是使用“权益法”认列投资收益，而20%以下的使用“成本法”认列（详见图3-4-4）。

图 3-4-4 **持股比率逾20%时，采权益法认列投资收益**
——金融资产获利时的投资收益认列方式

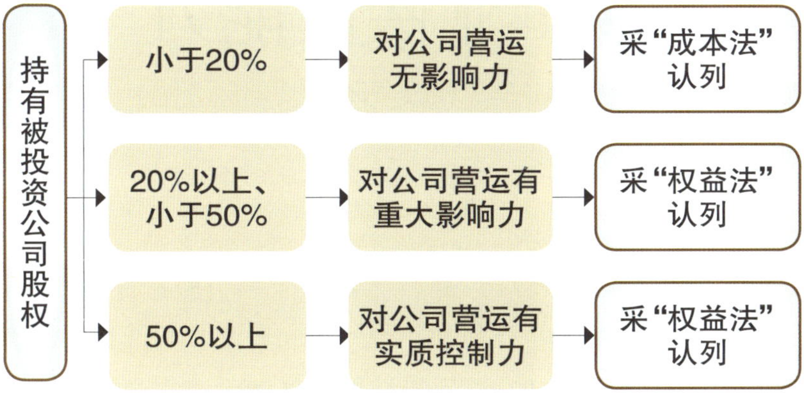

所谓的成本法，就是依照你买进的成本入账，只能依收到之现金股利认列投资收益，也就是被投资公司有配发现金股利时才有收入。而采权益法则是被投资公司赚多少钱，投资公司就可依其持股比率，认列多少投资收益。所以，在被投资公司有获利时，可以认列的收益较多；但相对地，如果被投资公司亏损，也要依照持股比率认列亏损。

3-5 算出流动比、速动比 衡量企业偿债能力

小花最近桃花运大开，遇到不少表态追求的异性。其中：A男士看起来质朴稳重，在新北市有一间800万元的房子，房贷还剩300万元；B男士是打扮潇洒的型男，虽然没有房子，但常开着拉风跑车带小花出去玩，银行存款还有200万元。两个男人各有优点，该怎么选择呢？

小花觉得，虽然A男士性格比较稳重，更值得作为以结婚为前提的交往对象，但也担心对方要背房贷，生活压力比较大，有点犹豫，而且也听朋友说，负债不是好事。没想到妈妈却说：背房贷不是坏事，敢买房代表这个男人有担当，没什么不好。

A男士虽有房贷负债，但他有800万元的房子资产，扣掉300万元负债，净值还有500万元，甚至房价未来还有增值空间；而B男士虽有银行存款200万元与跑车，但跑车开销大，残值也掉得快，未来资

表 3-5-1

台股市值前3大公司皆有上千亿负债
——台股市值前3大公司负债比

公司名称（股号）	负债（亿元）	资产（亿元）	负债比（%）
台积电（2330）	4,964	18,865	26.31
鸿　海（2317）	14,583	25,920	56.26
台塑化（6505）	1,433	4,524	31.67

注：资料日期至 2017.04.13
资料来源：公开资讯观测站、各公司 2016 年第 4 季财报

产净值可能还会缩水。换句话说，从净资产的角度来看，有负债的A男士，其实比现在无债一身轻的B男士，在长期的财务安全上可能更稳健。

把这个逻辑套用在企业上也是一样，有负债不见得就是不好的不值得投资的公司，关键在于公司如何运用借来的钱，以及有没有能力还债。如台股市值前3大公司台积电（2330）、鸿海（2317）、台塑化（6505）都背有上千亿负债，鸿海负债甚至上兆元，但它们实际上都是台股中的绩优生（详见表3-5-1）。

但要注意的是，评估一家企业的负债，跟评估一般人负债的原则不太一样。企业的负债可以分成以下几点：

1.借款：不管是向金融机构借款，或是向民间机构借钱，都算是负债。

2.预收账款：下游厂商或是客户预付的保证金、月费等，在公司的企业账上也算是“负债”。

3.未来要支付的钱：例如公司开出去但未到期兑现的支票，或是保险公司未来要支付给保户的还本金、年金等，都算是企业负债，都要认列在资产负债表上。

这也就是旗下有寿险公司的上市金控公司的负债比都偏高的主因，因为要把未来要支付给保户的相关费用精算后，公布在季报与年报上。

负债比过高，将增加公司倒闭风险

负债对于一家公司来说就是双刃剑。如果能够善用负债，那么公司就能够利用低资金成本创造更高的获利，但是如果负债过多，又会增加公司的倒闭风险。

该如何衡量公司的倒闭风险呢？最简单的方式，就是利用在3-1中已经介绍过的“负债比”公式。透过负债比公式，就可以让人知道一家公司的财务结构中，有多少资产是来自于向外界借贷。一旦市场出现风险时，这些资金就有可能会撤离。

而且，利用负债比公式来评估公司的负债压力，还有一个好处，就是因为负债比是“比率”的概念，可以避免对于负债绝对金额大小的误解。

例如甲公司负债500亿元、乙公司负债300亿元、丙公司负债80亿元，我们可以说丙公司的财务结构最好、倒债风险最低吗？答案是：不一定！还要看相对于资产的比率（详见表3-5-2）。

表 3-5-2 **即便负债金额低，但其实负债比很高**
——负债比比较范例

项目	负债 / 元	资产 / 亿元	负债比 / %
甲公司	500	1,000	50
乙公司	300	500	60
丙公司	80	100	**80**

表 3-5-3 **1年内须还款的负债为流动负债**
——负债2大类别

到期期限	类别	细目
1年内到期	流动负债	应付账款、应付票据、应付工资
超过1年才会到期	非流动负债	保证金、公司债、理赔金支出

依债务到期时间长短，负债可分为2类

公司的负债依照要支付现金的时间长短，又可细分为2大类（详见表3-5-3）：

1.流动负债：指1年内即将偿还的债务，例如应付账款、应付票据等。

2.非流动负债：偿还期限超过1年的负债，又称长期负债。例如向银行的长期借款或发行公司债等。

非流动负债与流动负债的差异在于，长期负债多是用于支应长期性且金额庞大的投资，例如支付长期的机械设备投资、盖厂房等（详见图3-5-1）。一般来说，“以长支长”才是理想的债务运用方式。

图 3-5-1 资产负债表中会详列负债细目
——以山林水（8473）为例

民國105年第4季				
				單位：新台幣仟元
會計項目	105年12月31日		104年12月31日	
	金額	%	金額	%
流動負債				
❶ 短期借款	20,000	0.20	0	0.00
❷ 應付短期票券	0	0.00	100,000	1.06
❸ 應付票據	139,316	1.37	73,831	0.78
❹ 應付帳款	178,579	1.76	175,517	1.86
應付建造合約款	29,363	0.29	74,016	0.78
其他應付款	107,403	1.06	89,449	0.95
❺ 本期所得稅負債	8,627	0.08	12,006	0.13
其他流動負債	495,286	4.87	379,288	4.02
流動負債合計	978,574	9.62	904,107	9.58
非流動負債				
❻ 長期借款	2,578,946	25.36	2,813,952	29.83
負債準備－非流動	4,881	0.05	0	0.00
❼ 遞延所得稅負債	220,146	2.17	171,728	1.82
其他非流動負債	3,252	0.03	3,074	0.03
非流動負債合計	2,807,225	27.61	2,988,754	31.68
負債總計	3,785,799	37.23	3,892,861	41.27

1.**流动负债**：包括一年内要偿还的❶短期借款、一年内会到期需要支付给债权人的❷应付短期票券（如公司债、金融债）、需在一年内要兑现的❸应付票据（如公司已经开立支票购入的商品、原料）、一年内要偿还的❹应付账款（如公司利用赊账、分期付款方式购入的商品或原料）、❺当年度要支付的所得税等等。

2.**非流动负债**：借款期间超过一年，且还款期在一年以上的❻长期借款、❼递延所得税负债（非一年内，为来年可预估之营业所得，依照每个营业周期内要支付的所得税款）等等。

用流动比率、速动比率进一步判断资金灵活度

在评估一家企业的偿债能力时，通常会先以“流动负债”为主要评估指标，其次才是长期的偿债能力。该如何评估偿债能力呢？可以运用“流动比率”及“速动比率”这两项财务指标（算法详见图3–5–2），从中判断公司的调动资金的灵活度。

图 3–5–2 用流动资产、速动资产算出流动比率、速动比率
——流动比率、速动比率计算公式

流动比率 ＝ 流动资产 ÷ 流动负债 × 100%

速动比率 ＝ 速动资产 ÷ 流动负债 × 100%

＝ 流动资产－存货－预付款 ÷ 流动负债 × 100%

流动比率用来看流动资产是否能偿还流动负债。流动比率愈高，表示一家企业愈不容易出现缺钱危机。一般来说，流动比率大于200%为佳，若小于100%，则要进一步评估该公司流动资产的变现性，以及短期金融负债（短期借款、应付短期票据和1年内将到期长期负债）占流动负债的比率。如果流动资产变现性很高，则低流动比率可接受；反之则偿债能力不佳。

速动比率是一个更严格衡量企业偿债能力的指标。流动资产减去存货及预付款所得出的指标又称为“速动资产”，是将流动资产中变现性较差的预付款项、存货剔除，剩下变现性较好的速动资产来和流动负债作比较。

企业的速动比率最好能大于100%，若小于100%，须了解应收账款周转率高低（详见3-2），还有短期金融负债占流动负债的比率。如果应收账款周转率很高，短期金融负债占流动负债的比率低，则低流动比率可接受；反之则偿债能力不佳。

需要注意的是，每个产业的流动比率与速动比率不同，因此在进行企业偿债能力比较时，也要拿同产业的公司来作比较，才有较客观的比较基准。

图 3-5-3 **近年房市不景气，营建业速动比率降低**
——以皇翔（2545）为例

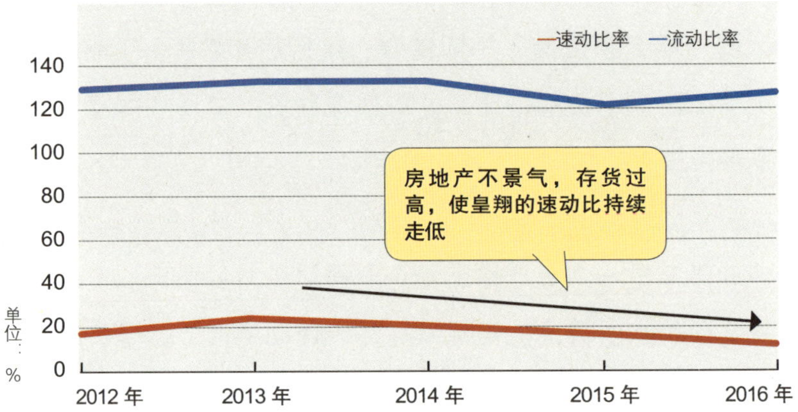

注：资料日期至2016.12　　资料来源：财报狗

举例来说，近几年来房地产市场不景气，房地产业的存货占比高，相对地速动比率也跟着降低。以旗下以豪宅产品为主的房地产股皇翔（2545）为例，其速动比自2013年起连续3年下降（详见图3-5-3）。

反观台湾地区烘焙原料大厂德麦（1264）的流动比与速动比则多维持在200%以上（详见图3-5-4），特别是速动比与皇翔相较之下高得多，最主要的原因就在于不同产业之间“存货”的差距。

图 3-5-4

食品业流动比率、速动比率普遍较高

——以德麦（1264）为例

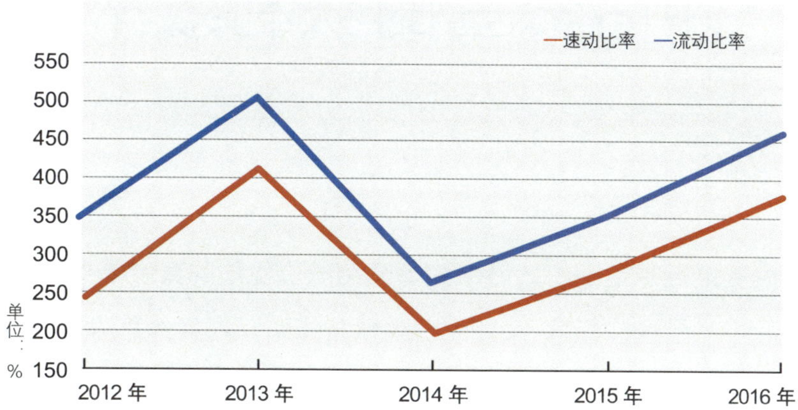

注：资料日期至2016.12　　资料来源：财报狗

3-6 拆解股东权益 评估资金的获利效率

小花最近想帮闺密妞妞牵线，介绍一位优质的黄金单身汉Peter给她。小花是这样形容：“Peter幽默又体贴，而且他有房子、有车子，身价超过2,000万喔！”

我们在评价一个人的时候，通常会用“身价”来形容他的资产成就。那么，在评价一家公司时，可以用什么标准呢？答案就是“股东权益”。股东权益是股东们实际拥有的公司资产，说白一点，就是把这家公司用资产扣掉所有负债后剩下的价值，因此又称为“净值”。股东权益出现在“资产负债表”的右边，透过它和税后纯益的比较，可以得出股东权益报酬率，借此数据，投资人就能够了解股东整体资金的获利效率。

举个例子，假设春天公司的资产总共有1,000万元，负债有500万元。当公司把所有债务还清后，股东权益尚存500万元，而

图 3-6-1 **公司资产扣掉负债后的残值才是股东权益**

——股东权益计算公式

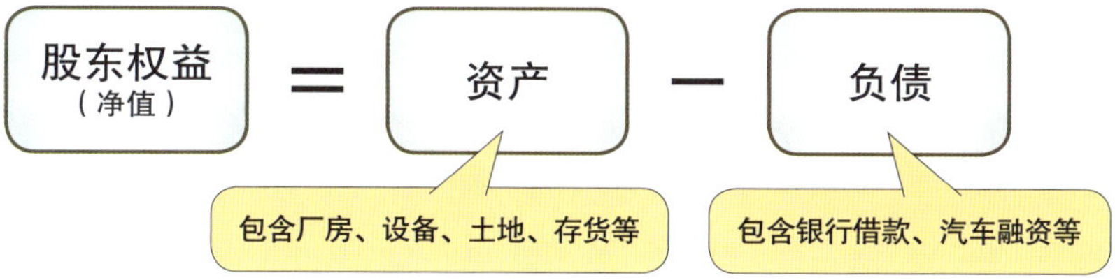

剩下的500万元就是春天公司最基本的价值，也就是“净值”（详见图3-6-1）。

以联华（1229）2015年的年报为例（详见图3-6-2），将当年度的资产总额减去分配前的负债总额，即可以得出当年度的权益总额（即股东权益）。而权益项目又分为：股本、资本公积、保留盈余、其他权益、库藏股票5种。但是，并非所有的公司都会包含上述5种项目，像是其他权益与库藏股票就不是每家公司都有。

虽然广义的股东权益包含上述5种权益项目，但是，与投资人比较相关的是“股本”“资本公积”（属于投入的资本）与“保留盈余”3大类。以下将分别说明。

图 3-6-2

扣掉负债后，联华2015年的权益总额达200亿

——联华（1229）资产负债表

項目 \ 年度		最近五年度財務資料(註 1)				
		100 年	101 年	102 年	103 年	104 年
流動資產		不適用	2,044,166	1,840,228	1,866,180	1,769,324
不動產、廠房及設備			1,250,417	1,214,857	1,171,125	1,135,986
無形資產			-	-	-	-
其他資產			[illegible]	[illegible]	[illegible]690,832	21,379,678
資產總額			[illegible]	[illegible]	[illegible]	24,284,988
流動負債	分配前		[illegible]	[illegible]	2,971,518	2,677,083
	分配後		2,815,158	3,842,309	4,167,872	(註 2)
非流動負債			2,761,320	1,621,227	1,124,390	1,438,057
負債總額	分配前		[illegible]	[illegible]	[illegible]	4,115,140
	分配後		[illegible]	[illegible]	[illegible]	(註 2)
股本			[illegible]	[illegible]	[illegible]545,383	8,887,198
資本公積			704,432	713,022	715,041	733,595
保留盈餘	分配前		7,490,395	7,947,480	8,790,061	8,687,158
	分配後		6,637,967	7,093,189	7,593,707	(註 2)
其他權益			[illegible]	[illegible]	[illegible]584,137	1,864,290
庫藏股票			[illegible]	[illegible]	[illegible]	(2,393)
權益總額	分配前		[illegible]	[illegible]	[illegible]632,229	20,169,848
	分配後		18,858,078	19,974,042	20,435,875	(註 2)

联华104年的资产总额

联华104年的负债总额

资产减掉负债后剩下的部分就属于权益总额

注：单位为千元　　资料来源：公开资讯观测站

股本》有形与无形的资产都可以算入

这是指股东原始投入一家公司的成本，投入的成本可以是现金、技术、厂房、机器设备或专利权等。

例如：小花想要开连锁药店，需要1,000万元的资金，但是她手边的资金不足，因此打算发行股票来对外募资1,000万元。假设小花

发行每股面额10元的股票，共100万股，那么小花药店的股本就是1,000万元（10元×100万股）。

股本大小对股价有何影响呢？一般来说，股本愈大，股价波动幅度愈小；股本愈小，股价波动幅度愈大。因为股本大，所以流通在外的股数相对比较多，每日的交易量也比较高，不怕买不到或卖不掉，股价也比较不容易超涨或超跌。反之，股本小的公司如果遇到利多，突然间被投资人抢买，股价就容易急涨。

如果以金额来判断，在台股中，股本超过500亿元以上视为大型股本公司；股本介于50亿～500亿元视为中型股本公司；股本未满50亿元视为小型股本公司（详见表3-6-1）。目前台股中股本最大的公司是台积电（2330），高达2,593亿元。

表 3-6-1 **股本超过500亿的公司被认定为大型股本公司**
——依股本门槛区分公司种类

公司种类	股本门槛
大型股本公司	股本＞500亿元
中型股本公司	股本介于50亿～500亿元
小型股本公司	股本＜50亿元

而股本又可以分为“普通股股本”与“特别股股本”。所谓的普通股即是在外流通的股票，而特别股则是公司为了筹资目的另外发行的股票，它类似债券，发行时会标明配息率，同时还会区分为不同权利、义务的特别股（详见图3-6-3）。如果公司有发行特别

图 3-6-3 **有些特别股能配息，还能参加普通股盈余分配**
——特别股可分为四大类

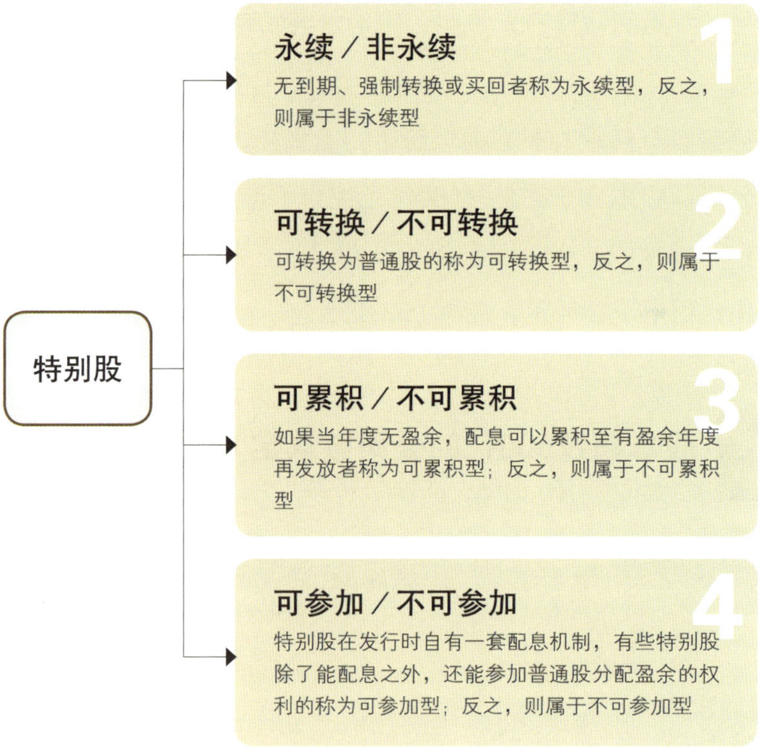

股的话，也要将特别股的股本纳入。

资本公积》股东出资超额部分或他人捐赠

了解了“股本”之后，我们接下来就是要来认识“资本公积”。资本公积的英文是Additional Paid In Capital，简称为APIC。资本公积主要来源可以分成3种，以下我们将用前面小花开店的例子来说明（详见图3-6-4）。

图 3-6-4 **超过面额的溢价部分会归属于公司的资本公积**
——资本公积的2大来源

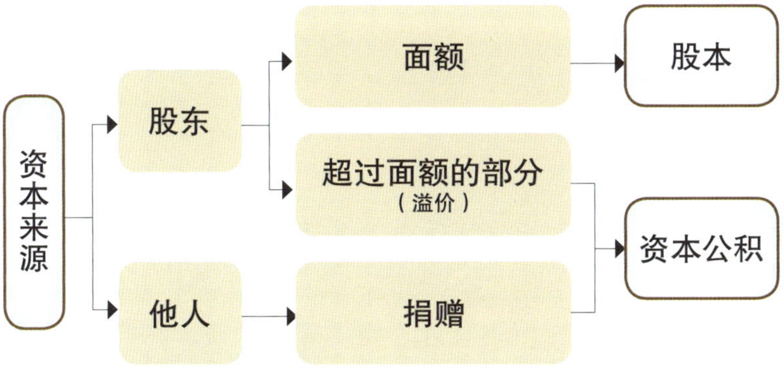

来源 1》超额认购

小花在筹资初期，只打算发行面额10元的股票100万股，但是，小花的朋友们都认为她很有生意头脑，投资她一定赚钱，因此，愿意以每股12元的价格来认购股票。假设100万股均被认购光，代表小花的公司共筹到1,200万元。

而原始面额10元的1,000万元认购金就是“股本”，股东们每股多花2元溢价认购而得的200万元就是“资本公积”，这等于是股本溢价而得来的资金。

来源 2》超额现金增资

小花的连锁药店已经营业5年，而且业绩蒸蒸日上。她打算到中南部拓点，需要新的资金，因此打算增资，预计发行20万股股票。虽然股票的原始面额为10元，但是小花想多募一点资金，因此决定以每股15元的价格发行。

假设募资成功，小花的公司可以拿到300万元（15元×20万股）的新资金，其中200万元（10元×20万股）属于“股本”，而股票溢价出来的100万元（5元×20万股）则是“资本公积”。

来源 3》库藏股价差

小花的连锁药店开了10年后，因为遇到台股大跌，公司股价跌至12元，所以董事会决定要买回库藏股5万股，之后股价涨至18元时，又全数卖出。这中间的差价为30万元[5万股×（18元−12元）]，而这30万元也属于“资本公积”。

另外，其他像是公司获得捐赠，不管是现金或其他的有价捐赠（例如：小花的爸爸捐赠了一间台中的店面供小花的药店使用），这类无偿赠与也算是“资本公积”，也都属于股东权益的一部分。

投资人每年领到股利时，可以观察来源是来自于盈余还是来自于资本公积。如果是百分之百来自于盈余，代表公司是从赚的钱当中发放股利，但是，有些公司为了维持一定的股利配发率，当盈余不足时，反而会拿出部分的资本公积来配息。这时投资人就要留意一下，该公司的获利能力与前景是否出现警示信号。

保留盈余》主要分为法定盈余与未分配盈余

有时企业虽然有获利，但是不见得每年都会发放股利给股东。

公司缴完税之后的盈余，称为保留盈余，主要会用在以下4个用途（详见图3-6-5）。

用途 1》当作法定盈余公积

根据《中华人民共和国公司法》的规定，公司于完纳一切税捐之后，在分派盈余之前，应该先从保留盈余中提取10%作为法定盈余公积。当法定盈余公积累积至资本总额时，就不用再提取。这

图 3-6-5 **法定盈余公积可以视为企业应急的救命金**
——保留盈余的4大用途

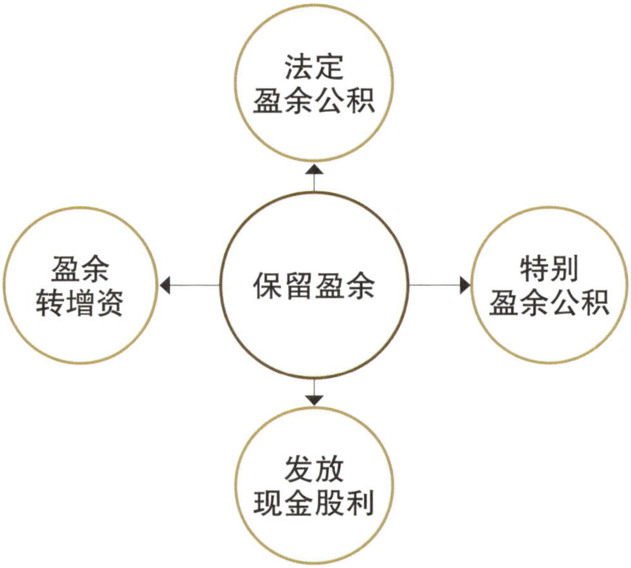

笔钱等于就是公司的保命钱，万一将来公司不幸亏损时可以应急弥补，以免侵蚀企业的股本。

用途 2》特别盈余公积

除了法定盈余公积之外，公司可通过章程订定或股东会议，另外提列特别盈余公积，但是不见得每家公司都会提列这笔。

用途 3》发放现金股利

这是多数股东的最爱，也是每年期望入袋的投资果实。万一企业当年度没有盈余，在用盈余公积弥补当年度的亏损之后，可以用盈余公积派发股利。

用途 4》盈余转增资

这就是发放股票股利、无偿配股之意，等于是股东们今年领到股票股利，往后的年度就会有机会拿到新配股所发放的现金股利。

在提列了法定盈余公积与特别盈余公积、发放现金与股票股利后，剩下的部分就是未分配盈余。这部分可以用来研发新技术、添购设备、扩厂等。而资产负债表上的“未分配盈余”金额，是累计过去年度未分配余额与今年度未分配盈余的总数。

3–7 把自己当企业经营 自制专属财务报表

其实生活中的各种情境，我们都能够将财务知识融会贯通并且加以应用，不论是自己开店做生意，或个人、家庭的总资产与日常生活的开支等等，都能以企业经营的概念来规划，打造出专属于自己的“家族企业”。

搞清楚自己的资产有多少、负债压力有多大，同时掌握收入大于支出的原则，在“营业（工作）收入”无法有效增长的状况下，把现金拿去做投资让利滚利，等到“业外（投资）收入”大于“营业（工作）收入”时，就可以不需要再为老板卖命打工！因此，让我们来学习如何把财务报表的知识套用在自己的家族企业吧。

综合损益表》记录生活收支并计算个人结余

首先来看综合损益表，我们将几个重要且可以延伸至个人生活层面的财务指标列出来，譬如营业收入、营业费用、营业利益等观念，都可以在记账时加以运用：

1.营业收入：来自本业的收入，也就是一般上班族的薪水。

2.营业费用：维系日常生活的开支，如水费、电费、燃气费、生活费等，属于每个月都要支出的费用。

3.营业利益：每月薪水扣除日常生活开支后的结余。

4.业外损益：譬如投资而来的收益或亏损，或是偶尔婚丧场合的礼金支出等，不属于每期都会发生的收益或损失。以股票来说，卖出赚钱的股票有投资收益，卖出赔钱的股票有投资亏损。如果持有不卖出，每年在股利发放时，会有股利收入可以列入当期损益；如果出现账面损失，但是短期不打算出售，就如同企业报表中的备供出售金融资产（详见3-4）。此一潜在损失，只需要在资产负债表中列为净值（股东权益）的减项，但是不需列入当期的损益。

5.税前净利：尚未缴交综合所得税之前的资金。

6.所得税：每年要缴交的综合所得税。

7.税后净利：薪水、股利等收入缴完税之后，实际可以留下来的资金。

把这个概念作成表格来看（详见表3-7-1），是不是很像个人的记账本呢？透过综合损益表，可以确认家族企业的收支是否平衡，在有限的收入下，衡量花费是否得宜。

资产负债表》盘点个人资产，确保资金流动性

资产负债表套用在个人的财务状况上，就可以用来盘点自己的资产、负债等。同样地，我们先将几个重要指标列出来：

1.流动资产：例如现金、股票、基金等，属于变现性较高、随时可以动用的资产。另外，定期存款虽然有到期才可动用的限制，但是因为随时能解约，所以归在流动资产。

2.非流动资产：例如房地产、车子等，属于变现性较低的资产。

3.负债：卡费、房贷、车贷等，属于借来的钱。

4.股东权益：即“资产—负债”后的净值。

表 3-7-1

综合损益表就像是个人专属的日常记账簿
——动手试算个人综合损益表

项目		举例	动手试算
营业收入（A）		360,000元 （月薪30,000元）	
营业费用（B）	生活费	120,000元 （每月约10,000元）	
	房租	120,000元 （每月10,000元）	
	水、电、燃气费等	24,000元 （每月约2,000元）	
营业利益（C=A—B）		96,000元	
业外损益（D）	投资损益	5,000元（获利）	
	股利收入	3,000元	
	礼金支出	−6,000元	
	其他支出或收益	12,000元（奖金）	
	小计	14,000元	
税前净利（E=C+D）		110,000元	
所得税（F）		8,000元	
税后净利（G=E—F）		102,000元	

我们把综合损益表当成当年度的收支结余表、把资产负债表（详见表3-7-2）当成资产管理表，那么只要把握“税后净利大于零”“净值稳健成长”这两个原则，长久以往，便能让家族企业日渐壮大、永续经营。

表 3-7-2 **资产负债表可用来盘点个人的资产、负债状况**
——动手试算个人资产负债表

项目		举例	动手试算
流动资产	现金	30,000元	
	定存	20,000元	
	股票	100,000元	
	基金	50,000元	
非流动资产	房地产	0元	
	汽车	300,000元	
资产合计（A）		500,000元	
负债	卡费	12,000元	
	房贷	0元	
	车贷	188,000元	
负债合计（B）		200,000元	
净值（资产减负债）总计（A—B）		300,000元	

NOTE

Chapter 4

实战练习

勤加演练变身选股达人

4-1 下载完整财务报表 快速挖出重点数据

从一家公司财务报表中的综合损益表、现金流量表、资产负债表这3张表中，可以清楚检视公司体质，而这些重要的财务报表其实都可以在“公开资讯观测站”中找到。

以下便以查阅台积电（2330）公司的年度财务报表为例，一步一步教导投资人从查询、下载档案，到挖出这3张报表中的重要数据。

Step 1

首先，进入“公开资讯观测站”首页（mops.twse.com.tw/mops/web/index），在❶“全站搜寻”输入欲查询的公司股票代号、简称或是报表关键字。由于我们要查看的是台积电财报，因此在“全站搜寻”栏位打上台积电股票代号“2330”，再按下❷“搜寻”。

Step 1

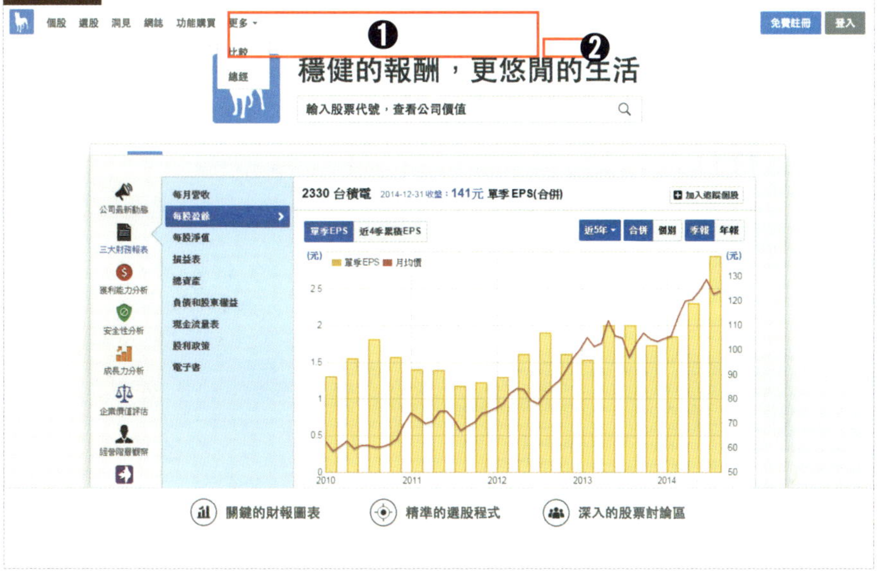

Step 2

至台积电的页面之后，点击左侧的❶“电子书”，并选择❷“财务报告书”，接着在❸“年度”输入欲查询的时间，注意年度的格式为民国年度。假设想要查询2016年的年度财报，则输入“105”，并按下❹“查询”。

此时页面会跳转至2016年各季与全年财报的下载页面。其中，“合并财报”会同时呈现母公司与子公司的财务数据；而“个体财报”则是聚焦在母公司财务状况。此处以合并报表为例，选择❺

Step 2

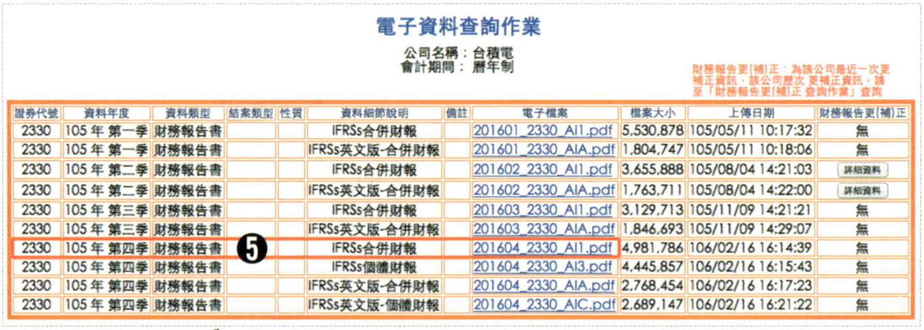

電子資料查詢作業

公司名稱：台積電
會計期間： 曆年制

財務報告更(補)正：為該公司最近一次更補正資訊，該公司歷次 更補正資訊，請至「財務報告更(補)正 查詢作業」查詢

證券代號	資料年度	資料類型	結案類型	性質	資料細節說明	備註	電子檔案	檔案大小	上傳日期	財務報告更(補)正
2330	105 年 第一季	財務報告書			IFRSs合併財報		201601_2330_AI1.pdf	5,530,878	105/05/11 10:17:32	無
2330	105 年 第一季	財務報告書			IFRSs英文版-合併財報		201601_2330_AIA.pdf	1,804,747	105/05/11 10:18:06	無
2330	105 年 第二季	財務報告書			IFRSs合併財報		201602_2330_AI1.pdf	3,655,888	105/08/04 14:21:03	詳細資料
2330	105 年 第二季	財務報告書			IFRSs英文版-合併財報		201602_2330_AIA.pdf	1,763,711	105/08/04 14:22:00	詳細資料
2330	105 年 第三季	財務報告書			IFRSs合併財報		201603_2330_AI1.pdf	3,129,713	105/11/09 14:21:21	無
2330	105 年 第三季	財務報告書			IFRSs英文版-合併財報		201603_2330_AIA.pdf	1,846,693	105/11/09 14:29:07	無
2330	105 年 第四季	財務報告書	❺		IFRSs合併財報		201604_2330_AI1.pdf	4,981,786	106/02/16 16:14:39	無
2330	105 年 第四季	財務報告書			IFRSs個體財報		201604_2330_AI3.pdf	4,445,857	106/02/16 16:15:43	無
2330	105 年 第四季	財務報告書			IFRSs英文版-合併財報		201604_2330_AIA.pdf	2,768,454	106/02/16 16:17:23	無
2330	105 年 第四季	財務報告書			IFRSs英文版-個體財報		201604_2330_AIC.pdf	2,689,147	106/02/16 16:21:22	無

“105年第4季财务报告书、IFRSs合并财报”的电子档案。

Step 3

打开台积电2016年的年报后，可先卷动至目录页。想通过财报快速检视公司体质的投资人，首先应阅读❶“会计师查核报告”，再依序检视❷“合并综合损益表”❸“合并现金流量表”，最后再看❹“合并资产负债表”，而像是应收账款、存货等等的详细资讯，则可在❺“合并财务报告附注”找到。

Step 3

§目　　錄§

項　　　目	頁　　次	財務報告附註編號
一、封　　面	1	-
二、目　　錄	2	-
三、關係企業合併財務報告聲明書	3	-
四、會計師查核報告 ❶	4～8	-
五、合併資產負債表 ❹	9	-
六、合併綜合損益表 ❷	10～12	-
七、合併權益變動表	13	-
八、合併現金流量表 ❸	14～16	-
九、合併財務報告附註 ❺		
(一) 公司沿革	17	一
(二) 通過財務報告之日期及程序	17	二
(三) 新發布及修訂準則及解釋之適用	17～22	三
(四) 重大會計政策之彙總說明	23～39	四
(五) 重大會計判斷、估計及假設不確定性之主要來源	40～41	五
(六) 重要會計項目之說明	42～80	六～三六
(七) 關係人交易	80～81	三七
(八) 質押之資產	82	三八
(九) 重大或有負債及未認列之合約承諾	82～84	三九～四十
(十) 重大之災害損失	85	四一
(十一) 重大之期後事項	-	-
(十二) 其　　他	85～86	四二
(十三) 附註揭露事項		
1. 重大交易事項相關資訊	87～113	四四
2. 轉投資事業相關資訊	87～113	四四
3. 大陸投資資訊	88、114	四四
(十四) 營運部門資訊	86～87	四三

会计师查核报告》帮助研判财报数据可信度

Step 4

每份财报编制后，必须经过会计师查核，以确保公司没有造假、谎报，因此每份季报会有“会计师核阅报告”，而年报则有❶

“会计师查核报告”。

查核（核阅）报告中的“会计师意见”（详见名词解释），会呈现出这份财报的可信程度。以台积电为例，可看到❷“依本会计师之意见……足以允当表达台积公司……”，代表为最好的“无保留意见”。

而在2016年的年报中，除了会计师查核报告，还新增了❸“关键查核事项”，说明会计师针对该产业或公司，有哪些特别注意的财务状况。以台积电为例，包括销货折让、不动产折旧时机点，都是会计师查核时的重点。

名词解释

会计师意见

会计师意见会影响公司财报的可信度，从可信度最高到最低分别为“无保留意见”“修正式无保留意见”“保留意见”“无法表示意见”到“否定意见”。若公司的查核报告为保留意见，可能会遭变更交易方式；若为无法表示意见或否定意见，更会被停止交易。

Step 4

❶ 會計師查核報告

台灣積體電路製造股份有限公司 公鑒：

查核意見

台灣積體電路製造股份有限公司及子公司（以下簡稱台積公司及其子公司）民國 105 年及 104 年 12 月 31 日之合併資產負債表，暨民國 105 年及 104 年 1 月 1 日至 12 月 31 日之合併綜合損益表、合併權益變動表、合併現金流量表，以及合併財務報表附註（包括重大會計政策彙總），業經本會計師查核竣事。

❷ 依本會計師之意見，上開合併財務報表在所有重大方面係依照證券發行人財務報告編製準則暨經金融監督管理委員會認可並發布生效之國際財務報導準則、國際會計準則、解釋及解釋公告編製，足以允當表達台積公司及其子公司民國 105 年及 104 年 12 月 31 日之合併財務狀況，暨民國 105 年及 104 年 1 月 1 日至 12 月 31 日之合併財務績效及合併現金流量。

❸ **關鍵查核事項**

關鍵查核事項係指依本會計師之專業判斷，對台積公司及其子公司民國 105 年度合併財務報表之查核最為重要之事項。該等事項已於查核合併財務報表整體及形成查核意見之過程中予以因應，本會計師並不對該等事項單獨表示意見。

茲對台積公司及其子公司民國 105 年度合併財務報表之關鍵查核事項敘明如下：

<u>銷貨退回及折讓負債準備</u>

台積公司及其子公司因應業務需求及市場狀況，故針對不同之銷貨對象或產品提供不同條件之銷貨折讓。台積公司及其子公司管理階層係基於歷史經驗及考量不同之合約條件，以估計可能發生之銷貨折讓。與銷貨退回及折讓負債準備相關資訊，請參閱合併財務報表附註四、五及十九。由於預測折讓條件之可能性涉及管理階層之主觀判斷及具有高度不確定性，且該事項亦影響台積公司及其子公司合併財務報表營業收入淨額，因是將銷貨退回及折讓之負債準備列為關鍵查核事項之一。

合并综合损益表》观察公司年度营运状况

Step5

检视“合并综合损益表”时，可观察❶“营业收入净额”❷“营业毛利”❸“营业净利（营业利益）”❹“税前净利”❺“本年度净利（税后净利）”，最后则会揭露该年度的❻“基本每股盈余”。另外，若该项目金额前后有括号，代表为负值，金额下的底线则代表等于。

损益表会列出❼上一年度（季度）的财务数字，金额旁的❽“%”则代表该项目占总营收的比率，方便投资人检视毛利率、营业利益率与税后净利率等。举例，台积电2016年的毛利率为50%、营业利益率为40%。

合并现金流量表》检视公司的现金持有状况

Step 6

检视完合并综合损益表后，继续看“合并现金流量表”（详见第182页），可依序查找该公司的❶“营业活动之净现金流入”❷“投资活动之净现金流出”及❸“筹资活动之净现金流出”。有了这些数字之后，投资人就可以计算出公司的自由现金流。

Step 5

◎合并综合损益表

代碼		105年度 金額	%	104年度 金額	%
4000	營業收入淨額（附註五、二五、三七及四三）❶	$ 947,938,344	100	$ 843,497,368	100
5000	營業成本（附註五、十二、三二、三七及四一）	473,077,173	50	433,117,601	51
5900	調整前營業毛利	474,861,171	50	410,379,767	49
5920	與關聯企業間之已（未）實現利益	(29,073)	-	15,126	-
5950	營業毛利 ❷	474,832,098	50	410,394,893	49
	營業費用（附註五、三二及三七）				
6300	研究發展費用	71,207,703	7	65,544,579	8
6200	管理費用	19,795,593	2	17,257,237	2
6100	行銷費用	5,900,837	1	5,664,684	1
6000	合　計	96,904,133	10	88,466,500	11
6500	其他營業收益及費損淨額（附註十五、十六、二六及三二）	29,813	-	(1,880,618)	-
6900	營業淨利（附註四三）❸	377,957,778	40	320,047,775	38

❽ ❼

代碼		105年度 金額	%	104年度 金額	%
7900	稅前淨利 ❹	$ 385,959,380	41	$ 350,428,911	42
7950	所得稅費用（附註五、三十及四三）	51,621,144	6	43,872,744	6
8200	本年度淨利 ❺	334,338,236	35	306,556,167	36

代碼		105年度 金額	%	104年度 金額	%
	綜合損益總額歸屬予				
8710	母公司業主	$ 323,186,736	34	$ 291,867,757	35
8720	非控制權益	84,311	-	(25,772)	-
		$ 323,271,047	34	$ 291,841,985	35
	每股盈餘（附註三一）				
9750	基本每股盈餘 ❻	$ 12.89		$ 11.82	
9850	稀釋每股盈餘	$ 12.89		$ 11.82	

Step 6

◎合并现金流量表

	105年度	104年度
其他金融資產	($ 41,554)	$ 720,301
其他流動資產	94,512	263,384
其他非流動資產	(349,771)	-
應付帳款	7,295,491	(2,693,358)
應付關係人款項	139,818	(369,134)
應付薪資及獎金	1,979,775	945,030
應付員工酬勞及董監酬勞	1,935,113	2,860,250
應付費用及其他流動負債	3,693,638	(3,778,322)
負債準備	7,931,877	(382,774)
淨確定福利負債	46,163	52,540
營運產生之現金	585,777,893	570,822,795
支付所得稅	(45,943,301)	(40,943,357)
❶營業活動之淨現金流入	539,834,592	529,879,438
投資活動之現金流量：		
取得備供出售金融資產	(83,275,573)	(13,392,330)
取得持有至到期日金融資產	(33,625,353)	(28,181,[illegible])
取得[illegible]	([illegible])	([illegible],169)
處分備供出售金融資產價款	29,967,979	57,493,051
持有至到期日金融資產領回	10,550,000	16,800,000
	105年度	104年度
取得土地使用權	($ 805,318)	$ -
應收暫付款減少	706,718	398,185
❷投資活動之淨現金流出	(395,439,680)	(217,245,837)
籌資活動之現金流量：		
短期借款增加	18,968,936	3,138,680
償還公司債	(23,471,600)	-
償還長期銀行借款	(8,540)	-
支付利息	(3,302,420)	(3,156,218)
應付租賃款減少	-	(29,098)
收取存入保證金	6,354,677	754,873
存入保證金返還	(523,234)	(742,458)
支付現金股利	(155,582,283)	(116,683,481)
員工行使認股權發行新股	-	33,891
非控制權益減少	(235,733)	(50,218)
❸籌資活動之淨現金流出	(157,800,197)	(116,734,029)
❹匯率變動對現金及約當現金之影響	(8,029,812)	8,258,851
❺現金及約當現金淨增加（減少）數	(21,435,097)	204,158,423
年初待出售非流動資產之現金及約當現金	-	81,478
❻年初合併資產負債表列示之現金及約當現金	562,688,930	358,449,029
❼年底現金及約當現金餘額	$541,253,833	$562,688,930

如果想要知道当期的净现金流，将上述3个指标加总后，再加上❹“汇率变动对现金及约当现金之影响”，即可得出净现金流，也就是❺“现金及约当现金净增加（减少）数”。另外，欲了解期初、期末的现金总额，则可分别查看❻“年初合并资产负债表列示之现金及约当现金”❼“年底现金及约当现金余额”。

合并资产负债表》公司体质年度总体检

Step7

最后则检视“合并资产负债表”，首先在❶“资产”的项目中，可分为❷“流动资产”与❸“非流动资产”。在流动资产的项目中，投资人可以找到❹“备供出售金融资产”❺“应收票据及账款净额”以及❻“存货”的资讯。而在非流动资产中，可查找❼

代碼	❶ 資產	105年12月31日 金額	%
	❷ 流動資產		
1100	現金及約當現金（附註六）	$ 541,253,833	29
1110	透過損益按公允價值衡量之金融資產（附註七）	6,451,112	-
1125	備供出售金融資產（附註八及十四）❹	67,788,767	4
1130	持有至到期日金融資產（附註九）	16,610,116	1
1135	避險之衍生金融資產（附註十）	5,550	-
1170	應收票據及帳款淨額（附註十一）❺	128,335,271	7
1180	應收關係人款項（附註三七）	969,559	-
1210	其他應收關係人款項（附註三七）	146,788	-
1310	存貨（附註五、十二及四一）❻	48,682,233	3
1476	其他金融資產（附註三八及四一）	4,100,475	-
1479	其他流動資產（附註十七）	3,385,422	-
11XX	流動資產合計	817,729,126	44
	❸ 非流動資產		
1527	持有至到期日金融資產（附註九）	22,307,561	1
1543	以成本衡量之金融資產（附註十三）❼	4,102,467	-
1550	採用權益法之投資（附註五及十四）	19,743,888	1
1600	不動產、廠房及設備（附註五及十五）	997,777,687	53
1780	無形資產（附註五、十六及三三）	14,614,846	1

“以成本衡量之金融资产”与“采用权益法之投资”。

Step8

接着则是检视❶“负债及权益”，可分为❷“流动负债”❸“非流动负债”❹“归属于母公司业主之权益”以及❺“非控制权益”。其中，流动负债中投资人可检视❻“应付账款”；归属于母公司业主之权益中，则能看到❼“股本”❽“资本公积”与❾“保

	❶ 負 債 及 權 益		
	❷ 流動負債		
2100	短期借款（附註十八）	$ 57,958,200	3
2120	透過損益按公允價值衡量之金融負債（附註七）	191,135	-
2170	應付帳款 ❻	26,062,351	2
2180	應付關係人款項（附註三七）	1,262,174	-
2201	應付薪資及獎金	13,681,817	1
2206	應付員工酬勞及董監酬勞（附註二三及三二）	22,894,006	1
2213	應付工程及設備款	63,154,514	3
2230	當期所得稅負債（附註五及三十）	40,306,054	2
2250	負債準備（附註五及十九）	18,037,789	1
2320	一年內到期長期負債（附註二十）	38,109,680	2
2399	應付費用及其他流動負債（附註二二）	36,581,553	2
21XX	流動負債合計	318,239,273	17
	❸ 非流動負債		
2530	應付公司債（附註二十）	153,093,557	8
2541	長期銀行借款	21,780	-
2573	遞延所得稅負債（附註五及三十）	141,183	-
2640	淨確定福利負債（附註五及二一）	8,551,408	-
2645	存入保證金（附註二二）	14,670,433	1
2670	其他非流動負債（附註十九）	1,686,542	-
25XX	非流動負債合計	178,164,903	9
2XXX	負債合計	496,404,176	26
	❹ 歸屬於母公司業主之權益		
3110	股本（附註二三） ❼		
	普通股股本	259,303,805	14
3200	資本公積（附註二三） ❽	56,272,304	3
	保留盈餘（附註二三） ❾		
3310	法定盈餘公積	208,297,945	11
3350	未分配盈餘	863,710,224	46
3300	保留盈餘合計	1,072,008,169	57
3400	其他權益（附註二三）	1,663,983	-
31XX	母公司業主權益合計	1,389,248,261	74
36XX	❺ 非控制權益	802,865	-
3XXX	權益合計	1,390,051,126	74

留盈余”的金额。

合并财务报告附注》可查核各项财务指标细节

Step9

另外，投资人要留意，许多财务指标的细节都会详列于“合并财务报告附注”。首先在“重大会计政策之汇总说明”当中，可

2. 列入合併財務報告之子公司❶

本合併財務報告編製主體如下：

投資公司名稱	子公司名稱 ❷	主要業務	設立及營運地點	本公司所持有之所有權權益百分比 ❸ 105年12月31日	本公司所持有之所有權權益百分比 104年12月31日	說明
台積公司	TSMC North America	積體電路及其他半導體裝置之銷售業務	San Jose, California, U.S.A.	100%	100%	—
	TSMC Japan Limited（TSMC Japan）	市場行銷業務	Yokohama, Japan	100%	100%	註一
	TSMC Partners, Ltd.（TSMC Partners）	半導體設計、製造等相關投資業務及一般投資業務	Tortola, British Virgin Islands	100%	100%	註一
	TSMC Korea Limited（TSMC Korea）	客戶服務及技術支援業務	Seoul, Korea	100%	100%	註一
	TSMC Europe B.V.（TSMC Europe）	市場行銷業務及工程支援業務	Amsterdam, the Netherlands	100%	100%	註一
	TSMC Global Ltd.（TSMC Global）	一般投資業務	Tortola, British Virgin Islands	100%	100%	—
	台積電（中國）有限公司（台積電中國子公司）	依客戶之訂單與其提供之產品設計說明，以從事製造與銷售積體電路	中國上海市	100%	100%	—
	台積電（南京）有限公司（台積電南京子公司）	依客戶之訂單與其提供之產品設計說明，以從事製造與銷售積體電路	中國南京市	100%	-	註二
	VentureTech Alliance Fund III, L.P.（VTAF III）	新創科技事業之投資	Cayman Islands	98%	98%	註一
	VentureTech	新創科技事業之	Cayman Islands	98%	98%	註一

查找❶“列入合并财务报告之子公司”，会列出各家❷“子公司名称”以及母公司的❸“所有权权益百分比”。

Step10

接着可检视“重要会计项目之说明”，3张财务报表中的重要财务指标，会在这边披露更详细的资讯。以❶“存货”为例，在资产负债表中只能看出总存货的金额，而在重要会计项目说明中，则会提供投资人更完整的存货项目。又以❷“营业收入”为例，投资人则能够清楚判断该公司的营收来源。

十二、❶存　　貨

	105年12月31日	104年12月31日
製 成 品	$ 8,521,873	$ 7,974,902
在 製 品	33,330,870	53,632,056
原　　料	4,012,190	3,038,756
物料及零件	2,817,300	2,406,556
	$ 48,682,233	$ 67,052,270

二五、❷營業收入

	105年度	104年度
商品銷售收入	$ 947,415,900	$ 842,997,542
權利金收入	522,444	499,826
	$ 947,938,344	$ 843,497,368

延伸学习

查询会计师意见

会计师意见对于财报的判断具有一定的影响力，但是对于一般投资人来说，单看查核与核阅内容，有时候不容易判断会计师真正的意见。若想要迅速检视一家公司的该年度的会计师意见，其实可在公开资讯观测站上快速查询。

Step1

进入公开资讯观测站的首页后，首先点选❶“汇总报表”，选择❷“财务报表”中的❸“采用IFRSs后”，最后再按下❹“会计师查核（核阅）报告”。

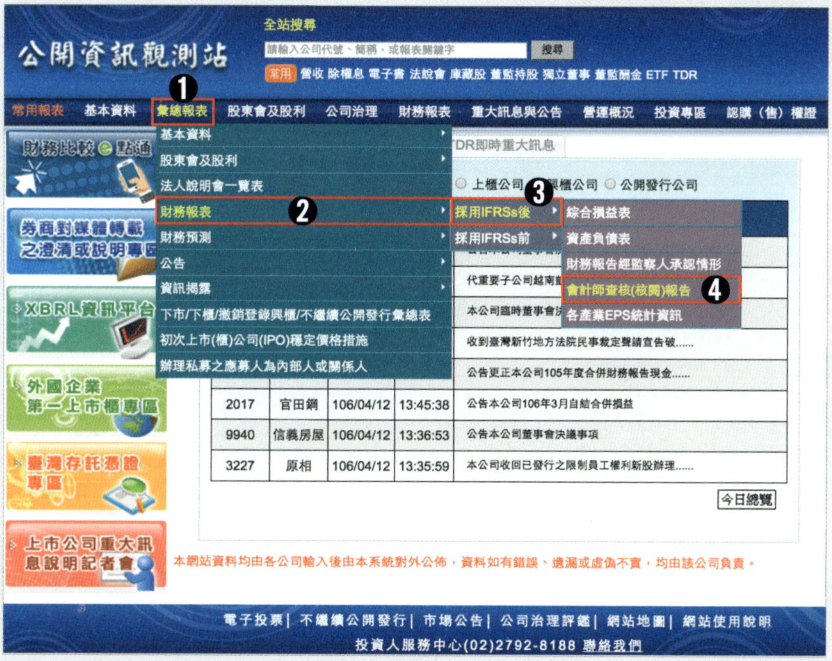

接续下页

Step2

跳转至查询页面后，可依投资人需求，分别调整❶“市场别”，包含上市、上柜、兴柜与公开发行，并选择❷“年度”、❸“季别”，以查询105年度第4季上市公司的会计师意见为例，设定好后即可按下❹“查询”，页面下方就出现结果。此表以股号为排序依据，可在❺“核阅或查核报告类型”检视该公司的会计师意见。

會計師查核(核閱)報告

市場別 上市 ❶ 年度 105 ❷ 季別 4 ❸ ❹ 查詢

列印網頁 開新視窗 問題回報

另存 CSV

105年第四季

公司代號	公司簡稱	簽證會計師事務所名稱	簽證會計師	簽證會計師	核閱或查核日期	❺ 核閱或查核報告類型
1101	台泥	勤業眾信聯合會計師事務所	翁雅玲	邵志明	106/03/27	無保留意見
1102	亞泥	勤業眾信聯合會計師事務所	郭俐雯	范有偉	106/03/23	無保留意見
1103	嘉泥	勤業眾信聯合會計師事務所	盧成全	張耿禧	106/03/29	無保留意見
1104	環球水泥	勤業眾信聯合會計師事務所	李季珍	廖鴻儒	106/03/27	無保留意見
1108	幸福水泥	勤業眾信聯合會計師事務所	黃海悅	劉永富	106/03/20	無保留意見
1109	信大水泥	資誠聯合會計師事務所	賴宗羲	馮敏娟	106/03/24	無保留意見
1110	東泥	國富浩華聯合會計師事務所	蔡淑滿	謝仁耀	106/03/28	無保留意見
1201	味全公司	資誠聯合會計師事務所	張祚誠	張明輝	106/03/27	無保留意見
1203	味王公司	大中國際聯合會計師事務所	溫明郁	徐靖賢	106/03/28	無保留意見
1210	大成長城	安侯建業會計師事務所	李逢暉	陳眉芳	106/03/24	無保留意見
1213	大飲	資誠聯合會計師事務所	阮呂曼玉	徐聖忠	106/03/24	無保留意見
1215	卜蜂企業	資誠聯合會計師事務所	王輝賢	謝智政	106/03/06	無保留意見
1216	統一	資誠聯合會計師事務所	林姿妤	周建宏	106/03/29	無保留意見
1217	愛之味	國富浩華聯合會計師事務所	黃鈴雯	李青霖	106/03/28	無保留意見
1218	泰山企業	安侯建業聯合會計師事務所	池世欽	陳嘉修	106/03/28	無保留意見
1219	福壽實業	群智聯合會計師事務所	呂松裕	陳芓?	106/03/21	無保留意見
1220	台榮	立本台灣聯合會計師事務所	柯俊輝	林淑萍	106/03/20	無保留意見
1225	福懋油	勤業眾信聯合會計師事務所	謝建新	陳招美	106/03/27	無保留意見

资料来源：公开资讯观测站

4-2 善用免费选股平台 筛选一篮子好股

一份完整的公司财报动辄百页，加上各项财务指标分布在财报不同段落中，若未仔细阅读，可能就会错过一些重要的资讯。不过有许多网站会提供较为清晰的图表或是表格，协助投资人解读财报；投资人甚至可以自行设定条件，直接筛选出符合投资人需求的公司。以下用“财报狗”网站为例，教导读者学会更便利的财报指标查询方法。

Step1

进入财报狗首页（statementdog.com），选取右上角的❶“登入”选项登入账号（财报狗网站可以E-mail免费注册账号，若未申请，亦可选择以Facebook账号或Google账号快速登入。以下介绍的部分功能，须加入免费会员后才可使用）。财报狗网站的主要功能有三：❷“个股”❸“选股”以及❹“更多”项下的“比较”，以下分别说明。

Step2

“个股”：首页点选“个股”项目后，投资人可在❶搜寻处输入个股名称或是代号，以查询该公司的各项财报数据。此处以中华电（2412）为例，输入2412后按下❷“搜寻”符号。

Step3

跳转至中华电的页面后，右侧为财务指标的资讯，通常包含图表与表格，左侧则是不同类型的财报数据，而投资人可以检视的财务数据有6大类。

首先是❶“三大财务指标”包含损益表、现金流量表、资产负债表中的资讯；❷“获利能力分析”则可查询毛利率、净利率、ROE / ROA等；❸“安全性分析”能检视公司负债比；❹“成长力分析”为营收、毛利等的成长率；❺“企业价值评估”中是各年度本益比和现金股利值利率；最后❻“经营阶层观察”能检视公司董监事资讯。

Step4

“选股”：若想依自行设定的条件筛选股票，可在首页点选“选股”。假设想寻找自由现金流量近五年大于0元、近五年皆有发放现金股利，以及近一季负债比小于50%的股票，可从左侧选单中加入筛选条件。

首先筛选自由现金流近五年大于0元，左侧选单点选❶“财报数据条件”，选择❷“现金流量项目”，设定❸“近五年平均大于0元”后，再点❹“箭头”，就会加入筛选条件。

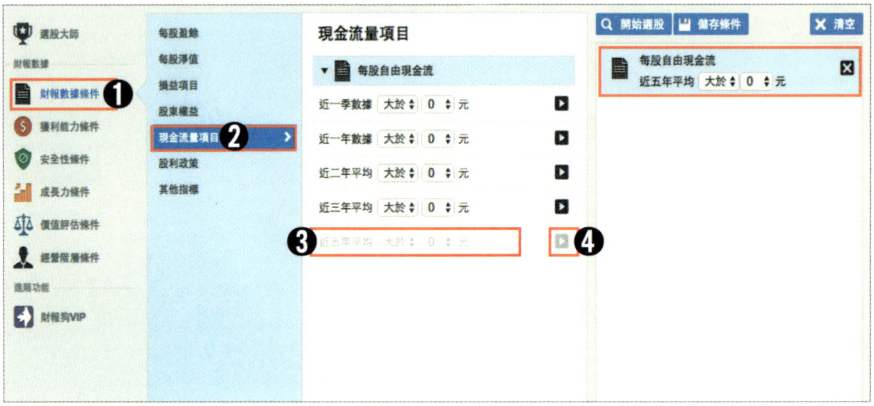

Step5

接着要筛选近五年皆有发放现金股利，同样在“财报数据条件”项目下，点选❶“股利政策”，设定❷“近五年平均大于0

元”，再点❸“箭头”，便可加入筛选条件。

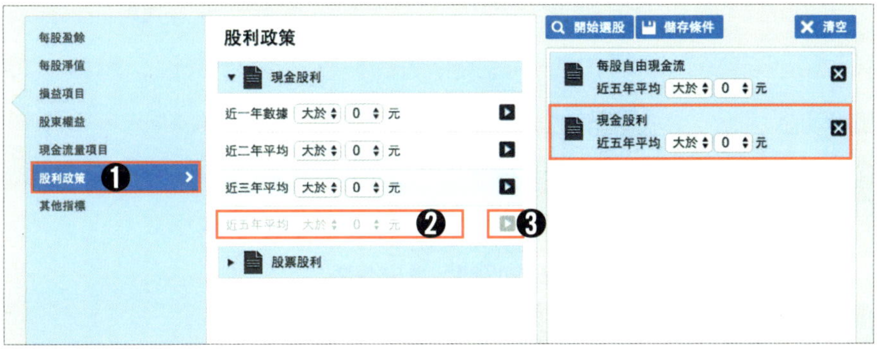

Step6

再来点击❶“安全性条件”，选择❷“财务结构比率”，并设定❸“近一季数据小于50%”后，再点❹“箭头”，就完成了筛选条件，最后按下❺“开始选股”即可。

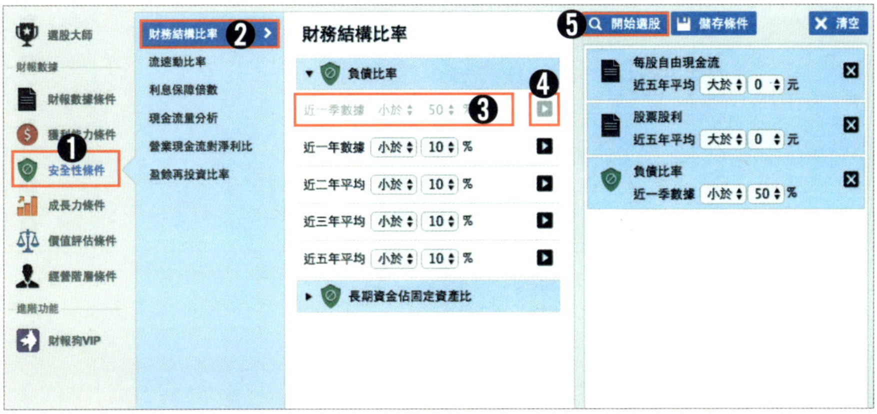

Step7

此时，页面下方就会出现以这3个条件筛选出来的❶“个股清单”，此清单也可以按照筛选条件进行排列。举例来说，想知道近五年现金股利发放较多的公司，只要点击❷“现金股利近五年平均（元）”，就会依此条件排列。

您設定的篩選條件： 共 777 檔個股

每股自由現金流近五年平均大於0元　現金股利近五年平均大於0元

負債比率近一季數據小於50%

現金股利近五年平均 (元) ▼

儲存篩選條件

* 按下最上方選項標題即可排序

合併數據篩選　非合併數據篩選

❶

編號	個股代號	最新收盤價 (元)	近1年漲跌幅 (%)	近3年漲跌幅 (%)	近5年漲跌幅 (%)	每股自由現金流近五年平均 (元)	❷ 現金股利近五年平均 (元) ▼	負債比率近一季數據 (%)	加入追蹤
1	3008 大立光	4475.00	89.0	169.3	723.2	103.51	32	20.84	+
2	1565 精華	603.00	-5.4	-9.6	64.6	28.58	22.87	29.51	+
3	2357 華碩	293.00	2.8	-6.6	5.5	29.22	17.5	49.42	+
4	2227 裕日車	205.00	1.6	-47.0	5.2	20.1	15.05	27.52	+
5	6409 旭隼	426.00	-19.1	118.9		11.99	12.16	39.42	+
6	5287 數字	216.50	-15.3	-43.1		6.31	11.8	30.1	+
7	2454 聯發科	214.00	-7.8	-54.1	-20.6	15.35	11.4	33.46	+
8	8299 群聯	276.00	1.8	37.8	22.4	14.04	11.14	28.08	+
9	8422 可寧衛	174.00	-3.1	-3.0	-19.7	7.74	9.91	11.35	+
10	2729 瓦城	229.50	1.3	-25.9		1.08	9.8	18.95	+

Step8

“比较”：如果想比较多家公司的同一项财报数据，则可以利用“比较”的功能。

举例来说，想知道台湾地区电信三雄的财报状况，则在首页选取“更多”→“比较”，进入比较的页面后，在❶右方空白栏位输入股号或股票名称，以此例来说，我们输入中华电、台湾大（3045）以及远传（4904）的股号，一次最多可输入10家公司，完成后便按下❷“开始比较”。

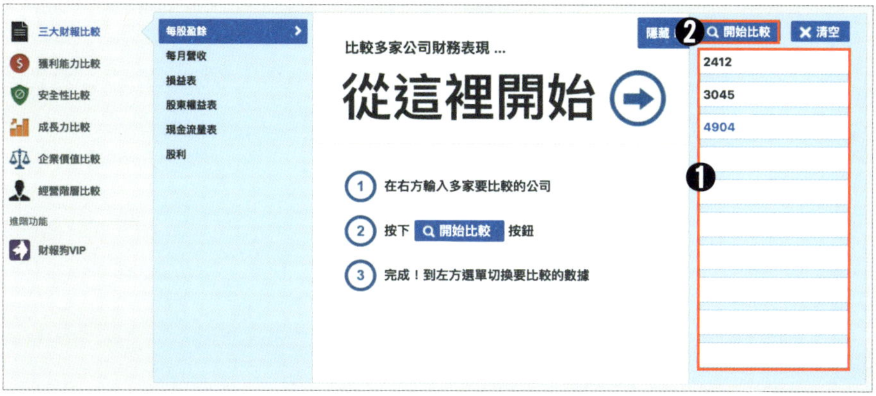

Step9

接着，页面就会跳转至这3家公司的各项财报比较，投资人可在左侧选单选择欲比较的项目。举例来说，想知道3家公司的营收表现，则点击❶“三大财报比较”，接着选择❷“每月营收”，就会出现3者的❸“每月营收比较”。

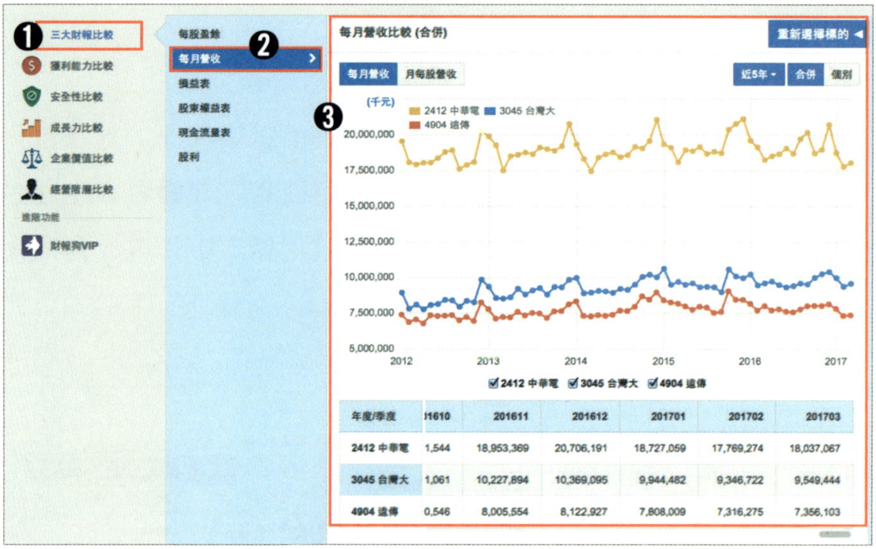
三大財報比較
獲利能力比較
安全性比較
成長力比較
企業價值比較
經營階層比較
進階功能
財報狗VIP
每股盈餘
每月營收
損益表
股東權益表
現金流量表
股利
每月營收比較 (合併)
重新選擇標的
每月營收
月每股營收
近5年
合併
個別
(千元)
2412 中華電
3045 台灣大
4904 遠傳
20,000,000
17,500,000
15,000,000
12,500,000
10,000,000
7,500,000
5,000,000
2012
2013
2014
2015
2016
2017
年度/季度 | 1610 | 201611 | 201612 | 201701 | 201702 | 201703
2412 中華電 | 1,544 | 18,953,369 | 20,706,191 | 18,727,059 | 17,769,274 | 18,037,067
3045 台灣大 | 1,061 | 10,227,894 | 10,369,095 | 9,944,482 | 9,346,722 | 9,549,444
4904 遠傳 | 0,546 | 8,005,554 | 8,122,927 | 7,808,009 | 7,316,275 | 7,356,103

NOTE